ADOLF WIRZ

Efficiency

Herbert Cassons Philosophie des Erfolgs

Orell Füssli

Illustrationen S. 13, 20, 195: Christophe Vorlet
S. 104: Sigm. Freud Copyrights Limited
Lektorat: Doris Michel

Umschlag: Heinz von Arx, Zürich
Satz und Druck: B & K Offsetdruck GmbH, Ottersweier
Einband: Großbuchbinderei Spinner, Ottersweier
Printed in Germany
ISBN 3 280 01675 4

Inhalt

Vorwort 7
Eine notwendige Einführung 8
Ein feuertrunkener Rebell 11
Herbert N. Casson – Spiegelbild seiner Zeit 16

Das Phänomen Herbert N. Casson 22
Woher er kam, wohin er wollte, was ihn motivierte
Sohn Edward über Vater Herbert 24
Ruhm: Ursache und Wirkung 28
Im Komitee der Weltausstellung 31
Casson als Politiker der Linken 31
Ein neuer Anfang 34
Aus Ideen werden Taten 36
Nächste Station: Werbung und Public Relations 38
Gründung des Efficiency-Clubs von London 39

Mehr über Casson als Schriftsteller und Redner 41
Effizient schreiben 42
Cassons Lehrsätze 42
Die philosophische Sicht 43
Vom Umgang mit Geld 44
Ergonomie 45
Fortschritt fordert Eliten 45
Jeden Monat ein Buch 46
Vortragskunst 47
Casson – ein Workaholic? 50
Die Kunst, abzuschalten 50
Das große Finale 52
Kein undifferenziertes Erfolgsdenken mehr 56
Neue Parameter 57

Typisch Casson 59
Der weise alte Mann 60
Der «weise alte Mann» aus neuer Sicht 61
Wunder der Zivilisation 62
Niemals stehen bleiben 63
Fragen, fragen und nochmals fragen 65

Wir brauchen Lehrer als Multiplikatoren 69
Gesucht: Leaders 70

Directions for Business Success 72
Nimm Dich ernst 73
Ihre Gesundheit 82
Ihre Persönlichkeit 85
Bildung und Wissen 92
Ihre Denkfähigkeit 98
Ihre geistige Ausrüstung 107
Reden und Schreiben 108
Trainieren Sie Ihr Erinnerungsvermögen 112
Vom Umgang mit Menschen 116
Demokratie verpflichtet 122
Von der Pflicht, zu hoffen 126
Werben und Verkaufen 129
Die Kunst des Führens 135
Wege zum Erfolg 147
Ihr Geld 158
Ihr Ziel 161

Glück durch Dich selbst 163
Gehen Sie den Dingen auf den Grund 164

Erfolg und Lebensfreude 175
Keinen Tag verlieren 176
Bauen Sie auf! 182

Jetzt durchhalten 185
Wo liegt Ihre Belastungsgrenze? 191

Seiten zur Meditation 196

Dank 207
Literaturverzeichnis 208

Vorwort

Mitten in der Wirtschaftskrise der ersten Hälfte der dreißiger Jahre wurde Herbert N. Casson zu Vorträgen nach Zürich eingeladen. Mit seiner positiven Ausstrahlung und einer Fülle von aufbauenden Anregungen wußte er seine Zuhörer zu fesseln. Viele erkannten spontan in Cassons Efficiency-Philosophie den zum Erfolg führenden Weg aus der damals vorherrschenden trüben, pessimistischen Stimmung. Dank der Initiative einer Gruppe von Unternehmern konnte in der Folge 1936 die Efficiency-Bewegung in der Schweiz Fuß fassen.

Wir hatten uns zum Ziel gesetzt, 1986, zum 50jährigen Bestehen der Schweizer Efficiency-Bewegung, mit einem Jubiläums-Buch die Gedanken Cassons wieder allen, die an persönlicher und beruflicher Weiterentwicklung interessiert sind, zugänglich zu machen.

In Adolf Wirz haben wir den idealen Partner für die Verwirklichung dieses Vorhabens gefunden. Seine Denkweise zeichnet sich durch weitgehende Verwandtschaft mit Cassons Philosophie aus. Die gestellte Aufgabe hat er mit großem Engagement, kritischem Verstand sowie mit reicher menschlicher und unternehmerischer Erfahrung vortrefflich gelöst. Was er durch Sichten zahlreicher Bücher, durch kritisches Werten und Auswählen, mit seinen Kommentaren und zeitgeschichtlichen Betrachtungen geschaffen hat, ist nicht einfach ein Konzentrat aus Cassons Werken, sondern die Aufzeichnung einer Zwiesprache zwischen Herbert Casson und Adolf Wirz.

Ich danke Adolf Wirz dafür, daß er einen neuen, leichten und attraktiven Zugang zu Cassons Efficiency-Philosophie geschaffen hat.

Dr. Hans R. Moning
Präsident des Efficiency Club Zürich

Eine notwendige Einleitung

«Wird das nun ein Buch von Herbert Casson oder eines von Adolf Wirz?» fragte mich der Verlagsleiter, als er meine ersten Texte sah.

Meine Antwort: «Ich schreibe ein Buch über Herbert Casson, ich zitiere ihn möglichst oft und lang und kommentiere ihn zwischendurch».

Lesen – der Schlüssel zu großen Taten *Aldous Huxley*

Herbert Casson hat auch mich, neben Zehntausenden anderer, in meinen jungen Jahren richtig «angezündet». Ich habe während meines Englandaufenthaltes seine Bücher gekauft und verschlungen.

Als mir vor einigen Monaten der Efficiency Club Zürich den Auftrag erteilte, zu seinem fünfzigsten Jubiläum ein Casson-Buch zu schreiben, gelang es mir, fünfundzwanzig Bände aufzutreiben, zum Teil aus Mitgliederkreisen, zum Teil aus der Zürcher Zentralbibliothek. Ich habe aus diesen Bänden typische Partien herausgesucht und übersetzt.

Beim Lesen kam mir Schopenhauer in den Sinn, der «über das Lesen und Bücher» warnend schrieb, lesen heiße, mit einem fremden Kopf statt mit dem eigenen denken. Wörtlich sagt er das so: «Aber während des Lesens ist unser Kopf doch eigentlich nur der Tummelplatz fremder Gedanken; daher kommt es, daß, wer sehr viel und fast den ganzen Tag liest, dazwischen aber sich in gedankenlosem Zeitvertreib erholt, die Fähigkeit, selbst zu denken, allmählich verliert – wie einer, der immer reitet, zuletzt das Gehen verlernt. Solches aber ist der Fall sehr vieler Gelehrten: sie haben sich dumm gelesen.»

Zustimmung und Widerspruch

Das sollte mir natürlich nicht passieren. Also konfrontiere ich auf diesen Seiten Herbert N. Casson, wie bereits gesagt, mit meinen eigenen Gedanken, führe mit ihm einen Dialog. Seine Texte sind meist wörtlich übernommen, zum Teil aber von mir bearbeitet. Ich versuche an gewissen Stellen, Cassons Gedankengut durch das heutige Wissen zu ergänzen, es neueren Ansichten und Erkenntnissen gegenüberzustellen. Diese Einschübe, Kommentare und Ergänzungen sind zum besseren Verständnis farbig abgehoben.

Seit Herbert Casson sein immenses Werk schrieb, also seit den zwanziger und dreißiger bis in die fünfziger Jahre, hat sich die Welt gewaltig verändert. Diese Veränderungen zu verdeutlichen, verständlich zu machen, ihren Ursachen nachzugehen, ist ein nicht unwichtiger Nebenzweck dieses Buches.

Zürich, April 1986 *Adolf Wirz*

Quellen

Zum Aufbau dieses Buches über Herbert N. Casson standen mir, wie bereits gesagt, etwa zwei Dutzend seiner Werke zur Verfügung. Ich habe sie studiert und fünf davon schließlich in der unten angegebenen Reihenfolge benützt, um daraus meinen Stoff zu beziehen und auszugsweise mehr oder weniger lange Texte wiederzugeben. Mit der getroffenen Auswahl schien es mir am ehesten möglich, einen anschaulichen und gültigen Querschnitt durch das Leben und die schriftstellerische Arbeit dieses namhaften Unternehmens- und Lebensberaters der zwanziger und dreißiger Jahre zu vermitteln.

Edward E. Casson *Postscript*
Herbert N. Casson *Directions for Business Success*
Glück durch Dich selbst
Erfolg und Lebensfreude
Jetzt durchhalten

Ein feuertrunkener Rebell

Herbert Casson? Noch nie gehört. Wer ist Herbert Casson? – Ich bin überrascht, man kennt ihn nicht mehr.

Staunend stelle ich fest, daß der Mann, dem ich dieses Buch widme, heute unbekannt ist. Er war doch, wie ich meinte, eine unsterbliche Persönlichkeit, eine einmalige Erscheinung für alle, die ihn kennenlernten. Und von denen leben heute nur noch ganz wenige.

Ich will also versuchen, Ihnen Herbert Casson zuerst vorzustellen. Sie sollen wissen, wessen Sie sich auf den folgenden Seiten zu versehen haben.

Casson, der Promotor des Efficiency-Gedankens, dem sich vor fünfzig Jahren aufbruchgestimmte Unternehmer und Manager verschrieben, war ihr Bannerträger, ihr Rufer und Prediger.

Der feuertrunkene Mahner der zwanziger und dreißiger Jahre vertrat viele heute noch hochaktuelle Thesen unter dem Leitmotiv der *Efficiency.*

Doch was heißt das? Was heißt «Efficiency»? Das englische Wort findet in der deutschen Sprache keine genaue Entsprechung, keinen ebenbürtigen Ausdruck. Wir finden es übersetzt mit Nutzleistung, Wirkungsgrad, Tauglichkeit, aber auch ganz generell mit Tüchtigkeit. Behalten Sie dieses letzte Wort im Ohr. Ein Mensch ist mehr oder weniger tüchtig. Eine Organisation oder eine Arbeitsweise sind mehr oder weniger effizient, mehr oder minder ertragreich; das Verhältnis von Aufwand und Nutzen ist mehr oder weniger günstig. Die Unternehmensführung ist mehr oder weniger wirkungsvoll. Genau hier setzt Casson an.

Er entwickelte Konzepte, die es seinen Kunden, seinen Zuhörern und Lesern erlauben sollten, die Effizienz ihrer Führungsarbeit zu optimieren, gleichzeitig den Führungsprozeß zu vereinfachen und dabei sich selbst beruflich und menschlich zu entfalten, tüchtiger zu werden.

Erfolg gibt Sicherheit,
Sicherheit gibt Erfolg
Ulrich Schamoni

Herbert N. Casson

In der frühen Wachstumsphase der freien Marktwirtschaft und besonders in den krisengeschüttelten zwanziger und dreißiger Jahren gründeten lernbegierige, dynamische Unternehmer und Kaderleute Efficiency Clubs – unter dem Einfluß ihres nun vielfach genannten Lehrers. Er versprach ihnen das Überleben, den Erfolg.

Cassons lebensbejahende Haltung war ansteckend. Er gab seinen Anhängern Mut, verstärkte ihren Durchhaltewillen, nahm ihnen die Angst. (Die Arbeitslosenzahlen stiegen damals ins Uferlose.) Die Jünger Cassons verschrieben sich den Grundsätzen durchdachter, erfolgversprechender Lebens- und Betriebsführung. Sie sahen sich darin als Pioniere. Etliche von ihnen erbrachten denn auch ungewöhnliche Leistungen.

Sie stießen alte, erstarrte Denkweisen von sich, verwarfen verstaubte Konventionen, strebten nach Andersartigkeit, versuchten, alte Dogmen auf den Kopf zu stellen. Sie verlegten den archimedischen Punkt immer wieder an neue, ungewohnte Orte. Sie lernten zu lernen. Sie setzten Kreativität gegen Routine. Vor allem aber übten sie sich in der Selbsterkenntnis, versuchten Schwächen und Hemmungen abzubauen und dabei einen positiven Lebensstil zu entwickeln.

Das genau wollte Herbert Casson lehren. In seinen *184 Büchern* ermunterte und inspirierte er seine Leser, mehr zu sein und mehr zu leisten. Er wandte sich dabei nicht nur an die Verantwortlichen in den obersten Führungsetagen, sondern an jedermann.

Wie ist das möglich, werden Sie vielleicht fragen, 184 Bücher? Damit ist ja Goethe weit übertroffen, und der war ja wirklich ein emsiger Dichter, sein Leben lang. Des Rätsels Lösung ist einfach: Ein Band der 24bändigen Goethe-Ausgabe von Artemis hat je Seite 1700 Buchstaben, während Casson sich auf 900 beschränkt. Seine Buchseiten sind also lockerer bedruckt und damit auch schneller gelesen.

Casson wußte, daß dicke Wälzer viele Menschen abschrecken. Seine Schriften sollten aus Lesemuffeln Leser machen. Sie sollten zum Lesen verlocken und verführen, zu Ende gelesen werden und schon dadurch ein kleines, aber ermunterndes Erfolgserlebnis auslösen. Das waren Cassons Hintergedanken. Ungelesene Bücher auf dem Regal wirken entmutigend. Der Leser hat kapituliert, gibt die Lektüre auf, ist für das Buch verloren und läßt damit ein jedem verfügbares Instrument der raschen und gründlichen Unterrichtung links liegen.

Zum Lesen verführen

Casson wollte seinen Anhängern das Überleben, den Erfolg und das Gewinnen beibringen. Sie sollten ihr Dasein menschlich und beruflich erfolgreich bestehen. Er wünschte sie sich großherzig und großmütig. Er verabscheute Kleinkrämer und Bürokraten. Seine Schüler sollten das Delegieren lernen und sich immunisieren gegen die kleinen Ärger des Alltags.

Der oberste Chef sollte sich den bilanzwirksamen Problemen widmen, sich konzentrieren auf die entscheidenden Unternehmensziele, auf die Perfektionierung des Produktes, auf rationellere Herstellungsverfahren, auf die Pflege treuer Kunden und die Gewinnung neuer Abnehmer. Er sollte die Erhaltung und Verbesserung des Rufes seiner Unternehmung im Auge haben. Tag für Tag, Jahr für Jahr – und immer im Zeichen der Efficiency.

Der effektive Manager fördert den Teamgeist, sorgt für ein gutes Betriebsklima, verschreibt sich dem, was wir heute *Unternehmenskultur* nennen. Er ist am Arbeitsplatz Vorbild, verbringt seine Tage nicht einsam am Pult, sondern sucht Kontakt mit dem Betrieb. Er glänzt nicht immer durch die schnellsten Antworten, obschon er mehr als andere weiß, sondern er überschläft manche Entschlüsse, läßt sein Unterbewußtsein mitentscheiden. Er nützt die Intuition. Große Unternehmer sind denn auch dem Künstler im Innersten verwandt. So unterwies Casson seine Anhänger – in verblüffender Übereinstimmung mit den modernen Lehrern der Betriebswirtschaft von heute.

Unternehmenskultur: eine geistige Leistung

Einer von diesen Casson-Freunden fiel mir früh schon auf. Vielleicht deshalb, weil er sich auch politisch betätigte, einer der Inspiratoren des Gotthard-Bundes war, jener Bewegung, die gleich zu Anfang der Hitler-Zeit sich in der geistigen Landesverteidigung der Schweiz engagierte. Ich sehe *Dr. Christian Gasser* heute noch auf dem Podium des zum bersten vollen großen Tonhallesaales in Zürich gegen die Anpassung und den weit verbreiteten Defätismus kämpfen.

Ich beschreibe ihn hier, weil er der *Prototyp eines Casson-Schülers* war. Um möglichst viel Authentisches über Herbert Casson zu erfahren, habe ich mich mit ihm zusammengesetzt, denn er hatte einen besonders engen Kontakt mit dem sagenhaften Animator, den Sie auf den folgenden Seiten näher kennenlernen sollen.

Wie Gasser Casson erlebte

«Für mich war Herbert Casson ein Amalgam von drei heute weltweit bekannten ‹Lehrmeistern›: von Peter Drukker, dem in den USA lebenden Unternehmensberater, dem Esoteriker Norman Vincent Peale, Autor vieler Bestseller auf dem Gebiet der Lebenshilfe, und dem Menschenführer und Mutmacher Dale Carnegie», sagt Christian Gasser.

Er nennt seinen einstigen Freund Casson einen inspirierenden Pusher, einen freundlichen, überaus fröhlichen, phantasievollen Redner mit großer Ausstrahlung, hervorragender Formulierungsgabe und bildhaftem Sprachvermögen. Es wäre aber falsch, meint er, in ihm nur den suggestiven Aufsteller und Schwärmer zu sehen. «Casson überzeugte mich durch seine hervorragende Sachkompetenz, sein ausgesprochenes Gespür für kommende Zeiten und ihre Probleme und sein großes Geschick bei der Behandlung komplexer Fragen.»

Herbert N. Casson – Spiegelbild seiner Zeit

Er-folge sind Folge-erscheinungen. Sie sind die Folge zeitlicher Umstände und Gegebenheiten. Wenn wir den Nimbus verstehen wollen, der den Namen Casson krönte, wenn wir begreifen wollen, weshalb Casson weitherum und lange verehrt wurde – und es in den Efficiency Clubs immer noch wird – müssen wir seine Zeit verstehen. Es war eine *Wendezeit,* ungleich der heutigen, aber ebenso tiefgreifend.

Herbert Casson wurde im Jahr 1869 geboren. Eine knappe Generation vor ihm hatte die «Erste Allgemeine Weltausstellung» in London das industrielle Zeitalter eingeläutet, das die Lebensbedingungen in Großbritannien aufs tiefste verändern sollte.

Während Jahrhunderten war die menschliche Muskelkraft für den Lebensunterhalt entscheidend gewesen. Der größte Teil der Menschen hatte mit Armen und Händen mechanische Schwerarbeit verrichtet, die dann schneller und effizienter mit Kohle, Dampf und Maschinen ausgeführt werden konnte. Mehr und mehr Menschen wurden zur Bedienung von Maschinen eingesetzt, allerdings im Vergleich mit heute zu miserablen Bedingungen. Das hatte Folgen.

Marx, Engels und Casson

Etwa zur Zeit der Geburt Cassons hatte diese «Erniedrigung des arbeitenden Menschen» Marx und Engels auf den Plan gerufen. Engels, der gleichgesinnte wohlhabende deutsche Fabrikantensohn, unterstützte seinen Freund Marx mit Geld und Geist. Durch die Stockung der britischen Wirtschaftsentwicklung fanden ihre Ideen immer besseren Nährboden. Um 1900 war besonders in der Baumwoll- und Eisenindustrie der technische Vorsprung verbraucht. Hauptgrund dieser industriellen Verzögerung und gesellschaftlichen Verarmung war der Konservativismus der damaligen Unternehmer.

Aber nicht nur Marx' Zeit war damit gekommen, sondern auch Herbert Cassons Ruf nach mehr Effizienz und sozialem Engagement fand Gehör. Für ihn war der einfache Mann nun etwas Besseres als ein bloßer Schwerarbeiter. Er mußte ausgebildet werden aus humanitären Gründen und für die Bedienung der modernen Maschinen. Herbert Casson setzte sich zum Ziel, der notleidenden Arbeiterklasse

Englands zu helfen, indem er ihr Bildung, Wissen und Kenntnisse vermittelte, entsprechend der zündenden Parole des Jahrhunderts: «Wissen ist Macht».

Durch Vorträge und das geschriebene Wort munterte er seine Zuhörer und Leser auf, sich selbst zu helfen.

Als er einsah, daß er im Alleingang zuwenig erreichte und zu langsam vorwärts kam, schloß er sich den *Chartisten* an, der ersten sozialistischen Arbeiterbewegung Englands, die jährliche Parlamentswahlen und ganz allgemein die politische Gleichberechtigung und den sozialen Schutz der Arbeiter forderte. Sie ging später in der Gewerkschaftsbewegung auf.

Ich verschweige diese «linke Vergangenheit» Cassons nicht, obschon sie einige heutige Sympathisanten, die doch – wie ich selbst – überzeugte Liberale sind, stören könnte. Für mich ist Cassons soziales Engagement ein bezeichnender Charakterzug. Ihm ging es darum, diese «Messer- und Gabelfrage», um es im Jargon der damaligen Sozialreformer zu sagen, zu lösen. Er suchte Mittel und Wege, seinen Teil dazu beizutragen.

Er sah im ersten Weltkrieg, wie alle, die ihn miterlebt haben, eine menschliche Katastrophe. Um sie zu überstehen und den Sieg herbeizuführen, waren starke Staatseingriffe notwendig, die ihre positive Seite hatten: Sie wirkten als Kraft der Sozialisierung. Die Einkommensverhältnisse besserten sich, und davon profitierte die Konsumgüterindustrie. Es kam zu einer Zeitenwende.

Während lange der Handwerker die Bestellungen einzelner Kunden persönlich entgegengenommen und ausgeführt hatte, wurden nun mehr und mehr in Fabriken für eine anonyme, vom Produzenten noch zu findende Kundschaft die gleichen Produkte in großen standardisierten Serien produziert. Viel billiger natürlich. Die Werbung mußte den verlorengegangenen persönlichen Kontakt zwischen Produzent und Konsument wieder herstellen und als Kommunikationsmittel zwischen beiden dienen.

Geburt des Markenartikels

Es begann die große und umwälzende Ära des *Markenartikels.* Verbrauchs- und Gebrauchsgüter, mit dem Insiegel der Qualität ausgezeichnet und nicht mehr namenlos angeboten, waren zu vorteilhaften Preisen zu haben. Gegen Ende des 19. Jahrhunderts kamen *King C. Gillette's Rasierapparate* und *-klingen* auf den Markt. *Edisons Glühlampe* gehörte zu den ersten Markenartikeln. 1893 schlug in Deutschland die Geburtsstunde von *Odol,* nachdem etwas früher schon das *Kölnisch Wasser 4711* lanciert worden war. Bei uns wird die Bevölkerung in dieser Zeit mit den Marken *Maggi, Bally, Nestlé, Sprüngli* und anderen bekanntgemacht.

Für Herbert Casson eröffnete sich damit ein besonders interessantes Arbeitsfeld, auf dem er sich mehr und mehr betätigte: Er wurde Spezialist auf dem Gebiet des *Marketings* und der *Werbung* und widmete diesem Thema gleich mehrere Bücher.

Kein Wunder, daß es dem kontaktfreudigen und dynamischen Casson gelang, mit führenden Markenartikelfabrikanten jener Zeit Verbindung aufzunehmen und sie zu beraten. Beispielsweise mit *William Hesketh Lever,* dem Lebensmittelgrossisten aus Nordengland, der beobachtete, daß mit der wachsenden Kaufkraft das Bedürfnis nach besserer Hygiene wuchs und damit der Seifenverbrauch anstieg. Nicht zu Unrecht versprach er sich etwas von einer Handseife besserer Qualität. Er stellte sie her, gab ihr als erster eine bunte Packung und bot sie an unter dem Namen *Sunlight.*

Damit legte er den Grundstein zu einem heute weltweit tätigen Markenartikelgiganten. Ich spreche vom *Unilever-Konzern.* Der neueste Brockhaus, der doch wählerisch ist und gewiß kein käufliches Public Relations-Instrument, kommt nicht umhin, ihn auf dreißig Textzeilen vorzustellen. Er nennt ihn schlicht und einfach den größten Produzenten der Erde von Lebens-, Wasch- und Reinigungsmitteln, Speisefetten und -ölen. Diese dreißig Zeilen sind schon nötig, um die beeindruckende Entstehungsgeschichte des Unternehmens zu schildern.

William Hesketh Lever

Darauf will ich hier verzichten, aber immerhin festhalten, daß eine der führenden Persönlichkeiten des Konzerns, der schon genannte William Hesketh Lever, in Großbritannien mit dem Adelstitel geehrt wurde: *Lord Leverhulme.* Lord heißt eigentlich «Brotherr», und in der englischen Kirche entspricht «the Lord» unserem Gott und Herrn. Wie gesagt, hatte Herbert N. Casson mit diesem weltlichen Lord Leverhulme zu tun – er war sein Berater. Keine schlechte Referenz.

Herbert Cassons Person ist ambivalent. Er war einerseits fasziniert von der Macht der beginnenden industriellen Revolution, vom sich ausbreitenden Rationalismus, vom «Macher» mit seinem reinen Nützlichkeitsstreben, dem wir heute im Blick auf viele ungute Folgen kritisch gegenüberstehen.

Casson anerkennt noch nicht Wert und Bedeutung unseres unveräußerlichen Grundbesitzes der Tradition, die er skeptisch beurteilt, und dennoch ahnt er andrerseits, daß die in ihr verankerten geistigen Werte des Fühlens, der Ethik und der langfristigen sozialen Verantwortung mit der positivistischen Sphäre des Rationalismus verbunden werden müssen.

Er plädiert an manchen Stellen für die menschliche Güte und Verantwortung, weil er doch dumpf erkennt, daß die Zerstörung alter Wertordnungen schließlich in den Nihilismus führt. Er will, das zeigt sich an vielen Stellen seines

Werkes, dem desorganisierenden Prinzip des schrankenlosen Egoismus und der rein techno-ökonomischen Denkweise, dem «Laisser- aller und Laisser- faire» Dämme setzen.

Das Phänomen Herbert N. Casson

Woher er kam, wohin er wollte, was ihn motivierte

Herbert Casson fand in den zwanziger und dreißiger Jahren weltweit einen immensen Kreis von Freunden, begeisterten Schülern und lebenslangen Verehrern. Die, welche ihn anhörten und seine Bücher lasen, waren nach ihren eigenen Worten von ihrem Vorbild elektrisiert, magnetisiert.

Herbert Casson wurde 1915 europäischer Promotor der ursprünglich in den USA lancierten Efficiency-Bewegung. Er machte es sich zur Lebensaufgabe, seine Anhänger zu leistungsfähigen Menschen zu erziehen, sie effizient arbeiten zu lassen. Aufwand und Ertrag sollten in ein optimales Verhältnis gebracht werden, im privaten Bereich und am Arbeitsplatz. Jeder von uns hat nach Cassons Überzeugung neben seinen vielen anderen Aufgaben noch die besondere Pflicht, an sich selbst zu arbeiten und zu einem ganzen, reifen Menschen zu werden. Auch dies war ein Anliegen Cassons.

Vater der Efficiency Clubs

Daß er selbst praktizierte, was er ein Leben lang dozierte, nämlich «Efficiency», bewies er schon damit, daß er von den dreihundert Briefen, die ihn durchschnittlich am Tag erreichten, nur etwa ein Dutzend selbst beantwortete. Was andere ebenso gut konnten wie er, überließ er ihnen.

Herbert Casson war ein innerlich freier Mann. Nur ein oder zwei Tage der Woche verbrachte er in seinem Büro in London; die übrige Zeit weilte er in seinem schönen Landhaus und widmete sich der schöpferischen Arbeit. Wenn ich hier sein Haus erwähne, so darum, weil dieses Meisterwerk englischer Wohnkultur allein schon seinen Lebensstil markierte, aber auch zeigte, wie wohlhabend er geworden war durch seine Vorträge, seine Bücher, sein 1915 erstmals herausgegebenes *«Efficiency-Magazine»* und seine Tätigkeit als Unternehmensberater.

Er wies gerne auf die erfreulichen Zahlen seiner Bilanzen hin. Sie seien das Resultat seiner kleinen, aber straff organisierten Administration und seiner effizienten Arbeitsweise. Seine Zeit war ihm kostbar. Er plante seine Arbeitstage nach Stunden und Minuten, ohne dabei aber je zum humorlosen, grimmigen Arbeitstier zu werden. Ganz im Gegenteil: Er scherzte und lachte gern und strahlte Lebensfreude aus.

Sohn Edward über Vater Herbert

Ich folge nun der informativen und unterhaltsamen Biographie, die Sohn *Edward E. Casson* über seinen Vater schrieb und unter dem Titel *«Postscript»* 1952 veröffentlichte.

Sofort fällt uns Herbert Cassons exklusiver Bekanntenkreis auf, auf den er und sein Sohn nicht ungern hinweisen. Die Engländer und Amerikaner haben dafür einen sehr bildhaften Ausdruck: Sie nennen das «name dropping». Zu Herbert Cassons Freunden und Verehrern gehörten *Lord Northcliffe,* der Zeitungsmagnat, und, wie schon vermerkt, *Lord Leverhulme* von Unilever. Andere nicht weniger bedeutende englische Unternehmer und amerikanische Persönlichkeiten mit Namen und Ruf werden an gegebener Stelle aufgezählt.

1915: Start des «Efficiency Movement»

In Londons berühmter Queen's Hall wurde im Jahr 1915 das «Efficiency Movement» lanciert. In der Folge erlebten Herbert Cassons Bücher und seine Zeitschrift immer größere Erfolge. Er wurde zum gesuchten Unternehmensberater, zu einer Art McKinsey oder Nicolas Hayek seiner Zeit, der von unzähligen Firmen gerufen wurde, sie zu durchleuchten und ihre Effektivität zu verbessern. Ihm wurden auch viele Verwaltungsratssitze angeboten.

Bei all dieser vielseitigen Beratertätigkeit schrieb er fleißig Bücher, publizierte während 37 Jahren sein «Efficiency Magazine» und redigierte dabei – kaum zu glauben – jede Zeile allein, ohne fremde Hilfe, in einem munteren, leicht verständlichen Englisch.

Casson war ein rasender Vielschreiber – ein gewandter Diktierer. Von Hand schreiben mochte der Temperamentvolle nicht, das ging ihm zu langsam. Er sprach seine Texte in die damals berühmte Ediphone-Diktiermaschine, die einem Nachttisch glich, nur daß sie noch plumper und schwerer war. Daß dabei nicht jeder spontan gesprochene Text zum literarischen Kunstwerk wurde, versteht sich. In einem kann uns Casson aber heute noch Vorbild sein: Bandwurmsätze, Schachtelsätze, Kettensätze mied er wie die Pest. Er war gegen die Langsatzarchitektur. Seine Sätze waren kurz, und er begann mit jedem neuen Gedanken einen neuen Absatz.

Er wußte: Der Mensch kann nur einen Gedanken aufs Mal klar erfassen. Daher soll man ihm nicht sechs gleichzeitig auftischen. Er liebte es, seine Ideen und Lehren in Kernsprüchen zusammenzufassen. Im folgenden eine kleine Auswahl. Ich bin mir bewußt, daß sie durch die Übersetzung teilweise an Eleganz verloren haben, zum Beispiel, weil die in der englischen Originalfassung enthaltenen Alliterationen im Deutschen fehlen.

The Efficiency Magazine
Six foreign editions;
total monthly circulation 140,000
Most quoted Business Magazine in the world

«Suche den Reichtum, aber verliere nie die gute Laune.»

*

«Wenn eine Sache untersucht werden soll, übergib sie einem Komitee. Wenn ein Problem gelöst werden muß, beauftrage einen Mann.»

*

«Bei einem guten Geschäft gewinnen immer beide Partner.»

*

«Zur erfolgreichen Führung eines technischen Betriebes braucht es nur zwanzig Prozent technische Kenntnisse.»

*

«Erfolgreiche Menschen sind immer wißbegierig und lernwillig.»

*

«Mehr Effizienz heißt stets auch mehr Menschlichkeit.»

*

«Wir sind daran, alles zu entwickeln, außer unserer eigenen Person.»

*

«Es ist unsinnig, die Armen reicher machen zu wollen, indem man die Reichen ärmer macht.»

*

«Jeder von uns ist mit einem Denkapparat namens Gehirn ausgestattet. Das scheint unwahrscheinlich, doch die Chirurgen versichern uns, dem sei so.»

*

«Auf vielen Grabsteinen sollte stehen: Gestorben mit 30, begraben mit 60.»

*

«Der Slogan ‹Leben und leben lassen› sollte verbessert werden: ‹Leben und leben helfen›.»

«Der einzig sichere Weg, den Krieg abzuschaffen, wäre, mit der dummen Art des Patriotismus aufzuhören, nach dem jeder jedes Land haßt außer dem eigenen.»

*

«Wir können jung bleiben, solang wir leben, wenn wir nicht mit vierzig versteinern. Eine Glatze und ein junges Herz schließen sich nicht aus.»

*

«Wenn ein alter Mensch zurückdenkt an seine Probleme, stellt sich heraus, daß die meisten tot und begraben sind. Er hat sie überlebt.»

*

«Es ist weise und lehrreich, zuzuhören, wenn über andere Leute gesprochen wird – so lange man wohlwollend über sie redet. Sobald das Gerede boshaft wird, stelle man sich taub.»

Diese Zitate zeigen, daß Herbert Casson seine Zeitgenossen nicht nur in der Berufswelt ertüchtigen, sondern sie auch schlechthin die Lebenskunst lehren und ihre Lebenskraft stärken wollte.

Notabene: Wer heute Cassons Bücher liest – die meisten sind wie gesagt nur noch in Bibliotheken zu finden oder werden unter Freunden ausgeliehen – der mag sich manchmal stoßen an einem Fortschrittsglauben, der uns heute kindlich anmutet.

Die Konflikte auf der Ebene des schrankenlosen quantitativen Wachstums, die uns heute so sehr beschäftigen, waren zu Cassons Zeiten noch nicht manifest. Der «Wertewandel» ist neueren Datums. Rauchende Fabrikkamine störten zu Cassons Zeiten noch niemanden, im Gegenteil,

Einstmals: Rauchende Schlote als Zeichen für Erfolg

Abdruck mit freundl. Genehmigung des Schweiz. Museums für Volkskunde, Basel

man zeigte sie stolz auf Briefpapier, Etiketten und in der Reklame. Je mehr dieser Schlote, desto besser, je dunkler und dichter der zum Himmel steigende Qualm, desto rühmlicher der Anblick. Die Unternehmung konnte sich noch nicht sehen als Teil einer gefährdeten Umwelt, auf die sie Rücksicht zu nehmen hat mit Konsequenzen, die auf einer Ebene der kollektiven Verantwortung, der Solidarität und Ethik liegen.

Ruhm: Ursache und Wirkung

Doch zurück zu Herbert Casson. Die Frage, die uns gewiß interessiert: Mit welchen ursprünglichen Begabungen und unter welchen Zeitbedingungen entwickelt sich ein so einmaliger Pionier? Ich versuche zu summieren: Er war Prediger, Prophet, Sektierer, der 184 Bücher schrieb – also mehr als dreimal so viele, wie seine hiesigen Freunde bisher glaubten. Das letzte erschien 1951, in seinem Todesjahr. Er war Denker, Philosoph und nimmermüder «Macher». Er beeinflußte seine Umgebung als Animator par excellence. Nach der Rückkehr von einer überaus langen Vortragsreise, die ihn bis nach Neuseeland geführt hatte, erkrankte er und starb im Alter von 81 Jahren.

Doch kehren wir zu Cassons Vergangenheit zurück. Studieren wir seine Herkunft, seine Jugend. Schließlich ist unsere Vergangenheit der Werkzeugkasten, mit dem wir unsere Zukunft bauen.

Herbert Cassons Vorfahren hießen Carcassonne, sie flohen als Hugenotten 1685 aus der genannten französischen Stadt nach England, und da sie praktische Menschen waren und sich im englischen Sprachgebiet integrieren wollten, nannten sie sich hinfort Casson.

Casson,
eigentlich ein Franzose

Herbert war geprägt von seinen beiden Großvätern: Der Vater seines Vaters war ein bekannter, von seinem Glauben durchdrungener methodistischer Evangelist und Prediger. Ihm polar entgegengesetzt, war der Vater seiner Mutter ganz der materiellen Welt zugewandt; er erwarb in Toronto als Kaufmann großen Reichtum. Er genoß die Freuden dieser Welt und endete auf dramatische Weise, als er eines Tages galoppierend die Stadt durchquerte, dabei die Herrschaft über sein Pferd verlor und kopfüber aufs Pflaster stürzte.

Herberts Vater wanderte mit zweiundzwanzig als Methodistenprediger nach Kanada aus und mußte dort alle drei Jahre seine Gemeinde wechseln. Sohn Herbert wurde am 23. September 1869 in einem verlassenen und verlorenen kanadischen Grenzdorf namens Odessa geboren. Einen Geburtsschein gab es dort nicht, aber sein Name ist in der Familien-Bibel zu finden. Von dort zog die Familie nach Gananoque – versuchen Sie das englisch auszusprechen! – und weiter ging es nach Newmarket, nach Meaford und schließlich in einen Weiler, der sich Selkirk nannte und tausend Meilen von jeder Zivilisation entfernt lag. An all diesen kleinen Flecken war das schlimmste aller Verbrechen der Pferdediebstahl, weil eben niemand ohne dieses Reit- und Zugtier auskommen konnte.

Eine Kinderfrau vermittelte Herbert die erste Schulbildung. Er erinnerte sich sein Leben lang daran, wie sie ihm auch praktische Dinge beibrachte, zum Beispiel das kunstgerechte Schnüren eines Pakets. Sie sei die erste gewesen, die ihn gelehrt habe, auch eine unbedeutende Arbeit perfekt auszuführen, also auch in kleinen Dingen effizient zu sein. Es fällt auf, daß Casson nie als Theoretiker gelten wollte und sich ein Leben lang über – wie er sagte – «verkopfte» Menschen mokierte. Was übrigens auch Henry Ford I (1863–1947) tat. Beide spotteten «über die weltfernen Gelehrten, die zu viele komplizierte Irrtümer produzieren.»

Turbulente Jugend

Cassons Jugend verlief turbulent. Er war kein Musterknabe und alles andere als ein vorbildlicher Schüler. Der Unterricht, der ihm geboten wurde, war denn auch von zweifelhafter Qualität. Das gilt auch für die Stellen, die er nachher gelegentlich bekleidete, mit Ausnahme vielleicht der einen bei einem Getreidehändler, der ihm das Geldverdienen beibrachte. Am Ort selber gab es auch eine öffentliche Bibliothek, wo Herbert jede Woche drei neue Bücher holte und sie las, was, wie er notierte, ihn zum ersten Mal einen Schimmer der Kultur erblicken ließ.

Zu seinem weiteren, vielverzweigten Bildungsweg nur noch soviel: Herbert Casson schwebte ursprünglich eine akademische Ausbildung vor. Doch sein Vater wollte aus Herbert einen Methodisten-Pfarrer machen. Herbert war unentschlossen. Schließlich willigte er nur deshalb ein, weil ihm dank der Kirche ein kostenloser College-Besuch offenstand.

Nach dessen Abschluß nahm er eine Pfarrei an und alles schien in bester Ordnung. Doch aus einem seltsamen Grund verdunkelte sich allzubald der Horizont: In der Pfarrei fand Herbert eine Bibliothek mit vielen in London veröffentlichten Büchern, die alle einem Thema gewidmet waren: alle handelten von sozialen Reformen. Casson vertiefte sich in die Lektüre, die Ideen versetzten ihn in Begeisterung, gesellschaftliche Veränderungen wurden sein Thema. Er wurde zum Rebell, hielt zündende Reden und schrieb so leidenschaftlich über sein Anliegen, daß es der Kirche zuviel wurde und sie ihn exkulpierte.

Im Komitee der Weltausstellung

1893 reiste Casson zum ersten Mal in die Vereinigten Staaten. Er war ins Internationale Komitee der Weltausstellung in Chicago berufen worden. Er bewarb sich dort mit Erfolg um den Posten eines Mitredaktors der «Enzyklopädie für Soziale Reform». Die Arbeit interessierte ihn, sie hielt ihn zudem finanziell über Wasser, aber die Theorie allein genügte ihm auf die Dauer nicht. Er erwies sich mehr und mehr als extravertierter, weltoffener und tatendurstiger Mitmensch und wurde – viele werden es kaum glauben – Sozialdemokrat.

Lehrauftrag in Harvard

Er bekam einen Lehrauftrag an der inzwischen berühmt gewordenen Harvard Universität in Boston, wo heute amerikanische und europäische Wirtschaftsführer ausgebildet werden. Aber er sprach zur selben Zeit auch auf öffentlichen Plätzen, wo gesellschaftskritische Sektierer, wie das heute noch am Londoner Hyde Park Corner der Fall ist, ihre neuen Ideen zum besten gaben. Ihm lag besonders an der Aufklärung der Arbeiterklasse.

Als er 1891 vorübergehend nach England kam, führte er als militanter Sozialist seine Aufklärungsarbeit weiter.

Casson als Politiker der Linken

Viele von Herbert Cassons politischen Aussprüchen aus jener Zeit sind überliefert, einige waren weiter vorn zu lesen. Ich könnte mir, wie schon gesagt, vorstellen, daß der eine oder andere Leser dieses Buches als Anhänger und Promotor der liberalen Leistungsgesellschaft den Kopf schüttelt während der Lektüre der nächsten Zeilen. Ich riskiere dennoch weitere Zitate, weil ich die Erfahrung gemacht habe, daß farblose Leisetreter der Menschheit nie weiterhelfen können. Hören Sie also den Sozialisten Herbert N. Casson:

«Wenn Sie durch die Straßen dieser Stadt gehen, begegnen Sie Menschen, die aussehen wie ausgepreßte Zitronen. Einige Kapitalisten haben ihnen den Saft genommen, ihn verkauft und die Schalen weggeworfen.»

*

«Pfarrherren erzählen uns von der Hölle, und etliche Fabriken sind Höllen, in denen wir unsere Lebenszeit verbringen; ob es im Jenseits eine Hölle gibt, weiß ich nicht. Statt Mitmenschen auf dem Sterbebett zu trösten, möchte ich meine Mitbürger lehren, besser zu leben, ihnen die Lebensangst nehmen.»

*

«Die Zivilisation eines Staates mißt sich daran, wie er seine Armen behandelt. Der Kampf gegen die Armut auf dem Weg über die Bildung ist die praktikable und ethische Lösung.»

*

«Das Kapital, das sich heute bildet, ist Arbeit von gestern. Wenn die Arbeiter ein Jahr lang streiken würden, wäre es das Ende der zivilisierten Welt.»

*

«Unsere Gemeinde garantiert jedem Toten ein Grab. Warum sollte sie nicht jedem Lebenden Arbeit garantieren.»

Cassons «linke» Vergangenheit

Edward E. Casson, der diese Gedanken seines Vaters veröffentlichte, beschreibt sie als Ideen eines Anarchisten, erinnert aber gleichzeitig an das Gesicht der damaligen industriellen Welt, die Herbert am Ende der zwanziger Jahre erlebte. Es beunruhigte ihn aufs tiefste. Da standen sich höchster Reichtum und tiefste Armut gegenüber, Nahrung in reicher Fülle und Hunger, Paläste und Slums. Diese Extreme sind in unserem heutigen Wohlfahrtsstaat kaum mehr vorstellbar. Der soziale Ausgleich hat große Fortschritte gemacht. Aber dazu brauchte es eben die Rufer, wie Herbert Casson einer war.

Der Umschwung in Herbert Cassons politischer Anschauung kam, nachdem er sechs Monate lang in einer Gemeinschaft Gleichgesinnter gelebt hatte, in der von einem Sozialisten namens Wayland 1891 gegründeten *Ruskin Colony.* Diese von Idealisten und Reformern bewohnte Siedlung erinnert sehr an das spätere Experiment auf dem Monte Verità in Ascona, das zum gleichen Ergebnis führte: Der anvisierte Idealkommunismus entpuppte sich als ein Ding der Unmöglichkeit, der Versuch war zum Scheitern verdammt.

Das waghalsige Unternehmen der idealistischen Träumer auf dem «Berg der Wahrheit» im südschweizerischen Ascona hat mich stets bewegt. Ich kann diesen zum Teil aus wohlhabenden Kreisen stammenden Pionieren meine Bewunderung nicht versagen. Die damaligen Aussteiger versuchten in einer bürgerlichen Fluchtbewegung, durch die paradiesische Gestaltung eines Stückleins Erde und beispielhafte Lebensführung die Welt zu verändern. Sie lassen uns an die heutige New Age-Bewegung denken. Die zivilisationsmüden Menschen auf dem Monte Verità wandten sich in extremer Radikalität gegen den blinden Egoismus, den überquellenden Luxus, den eitlen Schein, die Entfremdung von der Natur, die Lebenslüge und die Heuchelei.

New Age-Bewegungen gab es immer schon

Herbert Casson ist trotz seiner Enttäuschungen ein Leben lang ein sozialer Evangelist geblieben. Von seinem Sohn Edward wissen wir, daß er mehr als zweitausend Vorträge vor minderbemittelten Menschen hielt, die er auf seine Weise aufklären und motivieren wollte.

Er lehrte seine Zuhörer die positive Einstellung zu sich selbst. Jeder muß sein eigener bester Freund sein. Wir müssen uns selbst lieben mitsamt unseren Fehlern. Wir müssen unsere Schwächen kennenlernen, um mit ihnen umzugehen, ebenso unsere Stärken, um sie jeden Tag weiterzuentwickeln. Das ist unsere Hoffnung. So fördern wir eine positive Grundhaltung und schaffen damit eine der Voraussetzungen des Erfolgs: das Selbstvertrauen.

Sei Dein eigener bester Freund

«Während zehn Jahren hat sich mein Vater als Sozial-Evangelist betätigt», schreibt Sohn Edward. «Wenn die Menschen am Ertrinken sind, muß man ihnen das Schwimmen beibringen und wenn, wie das der Fall war, die meisten Menschen mausarm sind, muß man sie in der Kunst des ‹Money-Making› unterrichten.»

Politische Wende

Herbert Casson kam schließlich zur Einsicht, daß er vergeblich gepredigt hatte. All seine Bemühungen hatten fehlgeschlagen. Er orientierte sich neu, drehte sich um hundertachtzig Grad und wandte sich zukünftig den *Wirtschaftsführern* zu. Bei ihnen plädierte er bis ans Ende seines Lebens für das, was er «wise leadership» nannte. Seltsamerweise gelang ihm der Sprung in diese Welt mit einem Buch, das er eigentlich für den Amerikanischen Gewerkschaftsbund geschrieben hatte, und das den Titel trug: «Organised self-help» – Organisierte Selbsthilfe. Das Heil mußte von oben kommen, nicht von der Basis allein, wie Herbert Casson sich das ursprünglich vorgestellt hatte.

Ein neuer Anfang

Sein Weg aus der Ruskin Colony, der er beigetreten war, weil sie die Armut besiegen und ein neues Gesellschaftssystem durchsetzen wollte, führte ihn direkt nach Dayton Ohio zur *National Cash Register Factory.* Casson besuchte das musterhaft geführte Unternehmen. Er war davon sofort begeistert, und obschon er den Ruf eines militanten Kommunisten hatte, oder vielleicht gerade deshalb, empfing ihn *John H. Patterson* persönlich. Diese Begegnung ward zum endgültigen Wendepunkt im Leben Herbert Cassons.

Eine dritte markante und berühmte Persönlichkeit hatte freilich Patterson und Casson schon früher verbunden: Es war *Robert Owen* (1771–1858). Dieser erfolgreiche schottische Fabrikant glaubte an die Kraft des Guten und des Vorbilds. Als sozialpolitisch interessierter Teilhaber einer Baumwollspinnerei machte er aus dem Unternehmen einen Musterbetrieb, an dem er die Mitarbeiter beteiligte, und gründete in Indiana (USA) die kommunistische Gemeinschaft «New Harmony». Auch dieses Experiment scheiterte, setzte aber doch Signale und führte zu einem konkreten Ergebnis, nämlich zur Gründung von *Konsumgenossenschaften.*

Auf Owens Bemühungen geht die Beschränkung der Frauen- und Kinderarbeit und die Kürzung der Arbeitszeit in England zurück. Er vertrat die Ansicht, daß der Mensch ganz und gar Produkt seiner Umgebung sei, des sogenannten Milieus. Nur unter menschenwürdigen Verhältnissen könne sich der Mensch entfalten und umgekehrt: Schafft man menschlichere Menschen, können diese auch menschenwürdigere Verhältnisse herstellen.

Noch eine andere entscheidende Begegnung bestimmte Herbert Cassons zukünftigen Weg. Er traf in Toledo den Industriellen *Samuel M. Jones.* Jones machte von sich reden, weil er die damals üblichen Tafeln mit den Arbeitsvorschriften, die in den Werkhallen aufgehängt waren und in rauhem Befehlston, manchmal unter Strafandrohung, verkündeten, was der Arbeiter zu tun und was er zu lassen hatte, entfernte. Er ersetzte diese unrühmlichen Gesetzestafeln durch das, was er *«Die goldene Regel»* nannte. Im Gehalt stimmte sie überein mit *Immanuel Kants* «Kategorischem Imperativ»: *«Handle so, daß die Maxime Deines Willens jederzeit zugleich als Prinzip der allgemeinen Gesetzgebung gelten könnte».*

Frei nach Kant

Jones formulierte allerdings seine Maxime etwas einfacher, nämlich so, wie wir sie an verschiedenen Stellen in der Bibel lesen: *«Was Du nicht willst, das man Dir tu', das füg auch keinem andern zu».* Schon der römische Kaiser Severus Alexander hatte diese altruistische Weisheit an seinen Palast und an öffentliche Gebäude schreiben lassen.

Aus Ideen werden Taten

Herbert Casson war erfüllt von Ideen und Idealen, und da das stille Philosophieren eines abgeschiedenen Eremiten nie seine Sache war, suchte er sich eine Plattform, um seine Überzeugungen zu verbreiten und mit der großen Öffentlichkeit wirkungsvoll zu kommunizieren: Er fand zum *Journalismus.*

Und wiederum hatte er Glück: Zu seinem Wegbereiter wurde *Arthur Brisbane,* der das «New York Evening Journal» zur amerikanischen Tageszeitung mit der größten Auflage gemacht hatte. Brisbane wurde zum Sprachlehrer Cassons. Er bearbeitete dessen Manuskripte mit dem Rotstift. Das war ein richtiger Schock für Casson. Unter Brisbanes – wenn auch nur kurzem – Einfluß besserte sich sein Stil, seine Texte gewannen an Charakter, Treffsicherheit und Echtheit. Indem er den Stil verbesserte, schulte er sein Denken.

Die Lehrzeit war, wie gesagt, kurz. Schon nach sechs Monaten wechselte Casson die Stelle. Es zog ihn zu einem noch größeren Journalisten, zu *Joseph Pulitzer,* der damals einen beträchtlichen Einfluß ausübte, weil er furchtlos seine Meinung mit der ihm eigenen Schärfe in seiner Zeitung, der «New York World» veröffentlichte. Pulitzer, der den feudalsten Wolkenkratzer der Stadt am Hudson bauen und mit einer goldenen Kuppel krönen ließ, konnte diese freilich nie sehen, weil er erblindete.

Casson als Journalist

Er betraute Herbert Casson mit der Gestaltung einer besonderen Seite, die eine Art Forum sein sollte. Casson bekam den faszinierenden Auftrag, Wissenschaftler, Buchautoren, Universitätsprofessoren und Millionäre zu interviewen. Von seinen Gesprächspartnern lernte er enorm viel. Das war genau der Job, den er eigentlich immer erträumt hatte: die Erfolgreichen «beriechen» und beobachten, ihren Charakter studieren, ihre Arbeitsweise, ihre Gedankengänge kennenlernen.

Diese menschlichen Studien, die er früher bei den Armen gemacht hatte, stellte er nun bei den Reichen an. In dieser Stellung blieb er ausnahmsweise drei ganze Jahre, und er soll während dieser Zeit eintausendfünfhundert der meistbekannten und meistgeachteten Amerikaner als Gesprächspartner erlebt haben. Wir können uns leicht vorstellen, wie lehrreich, wie inspirierend solche Begegnungen für Casson waren. In jedem Fall versuchte er herauszudividieren, weshalb und wie sein Gesprächspartner zu seinem Erfolg kam, welche Ingredienzien bei der Erfolgschemie wirksam waren: Talent, Phantasie, harte Arbeit, schöpferisches Denken, Selbstvertrauen.

Manchmal war es schwierig, bedeutende Persönlichkeiten für ein Interview zu gewinnen. Casson lernte bald, daß er zum Ziel kam, wenn er nicht nur forderte und verlangte, sondern auch gab. Er versuchte jeweils herauszufinden, welches die Anliegen seines Partners waren: Wollte er Publizität gewinnen, oder ging es ihm darum, seine Ideen durch die Zeitung zu verbreiten, mit der Öffentlichkeit in Kontakt zu kommen? Den verschiedenen Bedürfnissen trug er Rechnung, ohne sich jedoch zum bloßen Sprachrohr zu degradieren. Er konfrontierte sein Gegenüber in seiner vifen bis kecken Art stets auch mit eigenen Vorstellungen, mit seinen persönlichen, unternehmerischen und moralischen Anschauungen.

Zu den Berühmtheiten, mit denen sich Casson als Journalist damals unterhielt, gehörten *Marc Twain, Thomas Edison, Theodor Roosevelt, Marconi, King C. Gillette* und der Warenhauskönig *John Wanamaker.*

Von *Marconi* sagte Casson, er sei eigentlich ein wissenschaftlicher Bastler gewesen, der keine Ahnung gehabt habe, wie die Erfindung seines Radios dereinst die Welt verändern würde. *Gillette* hatte anfänglich mit seiner Rasierklinge keinen Erfolg, er geriet in eine prekäre finanzielle Situation und erholte sich erst, als sein neues Produkt kunstgerecht vermarktet und beworben wurde.

Wanamakers Mahnung

Wer etwa glaubt, *John Wanamaker* sei der durchtriebene Warenhausgründer gewesen, ein gemüts- und seelenloser Verkäufertyp, ein billiger Jakob großen Stils, wird staunend die folgende Begebenheit zur Kenntnis nehmen, von der Herbert Casson berichtet: Die beiden saßen sich gegenüber; Casson hatte seine letzte Interview-Frage gestellt, erhob und bedankte sich, um den vielbeschäftigten Mann nicht länger aufzuhalten. Auch Wanamaker erhob sich, näherte sich dem Interviewer, legte ihm seine Hand auf die Schulter und sagte, es sei doch nichts als fair, wenn nun auch Casson ihm einige Fragen beantworte.

Erste Frage: «Haben Sie die Bibel gelesen?» «Ja», antwortete Casson. «Studieren Sie die Bibel heute noch?» «Nein», antwortete Casson. «Gehen Sie zur Kirche?» «Nein», war auch diesmal die Antwort. Darauf Wanamaker: «Sie leben als junger Mann in diesem riesigen New York. Um Ihren Weg zu finden, brauchen Sie eine ethische Orientierung. Sie dürfen nicht nur an sich selbst, an Ihre Karriere und die Erfüllung Ihrer Wünsche denken. Versuchen Sie, Ihrem Leben einen höheren Sinn zu geben. Achten Sie die Würde des Menschen, üben Sie Nächstenliebe nach den religiösen Geboten, denen sich unsere Vorfahren verpflichteten.»

Das tönte genau wie seinerzeit beim Großvater, dem Prediger. Casson hörte sprachlos zu, verabschiedete sich etwas benommen, bestätigt uns aber, daß Wanamaker sich in der Tat an die Grundsätze seiner Mahnrede hielt.

Nächste Station: Werbung und Public Relations

In seiner nächsten Lebensphase widmete sich Herbert Casson dem, was wir heute *Public Relations* und *Public Affairs* nennen. Er beschäftigte sich auch mit *Werbung* und nahm sich dabei zum Vorbild einen Mann namens *J. Powers,* der John Wanamakers Werbeleiter war und sicher der erste seines Berufes, der ein Tagesgehalt von einundzwanzig (alten!) Pfund kassierte. Aber nicht nur das imponierte Casson. Er bezeichnete ihn als Reklame-Genie.

Bevor Powers das erste Wort zu einem Inserat niederschrieb, prüfte er den zu bewerbenden Artikel und probierte ihn aus. Dann versuchte er, seine Vorteile so knapp und klar als möglich zu umschreiben, wobei schreiben für ihn harte Arbeit bedeutete, ein engagiertes Suchen nach dem besseren, genaueren, verständlicheren, einprägsameren, originelleren Ausdruck. Spätere Generationen von Werbeleuten wissen, daß er in *Claude C. Hopkins* einen gelehrigen Schüler fand, der uns alle beeinflußte. Hopkins' einfache Formel lautete: «Finde heraus, welchen Vorteil Dein Produkt gegenüber der Konkurrenz bietet, preise ihn an und Du bist Deines Erfolges sicher.»

Auf Cassons Kundenliste als Berater figurierten bekannte Namen, wie die *Bell Telephone Company,* verschiedene Handelskammern und Stadtverwaltungen, Eisenbahngesellschaften und dann die *Standard Oil Company.* Schließlich gründeten er und ein gewisser *H. K. McCann* eine Werbeagentur, die heute unter dem Namen *McCann Erickson* weltweit tätig ist. Sohn Edward meint denn auch, wenn sein Vater bei dieser Werbeagentur geblieben wäre, hätte er seinen Reichtum verdoppelt, wäre aber ärmer geblieben an Lebenserfahrung und hätte seinen missionarischen Eifer und seine Berufung als Lehrer der Lebenskunst und Lebenslust verloren.

Casson und McCann

Gründung des Efficiency Clubs von London

Im April 1914, im Alter von 45 Jahren, verließ Herbert Casson Amerika. Nach dem Verkauf seiner Aktien der Werbeagentur MacCann hatte er sich vorgenommen, in England ein etwas ruhigeres Leben zu führen. Sein Vorhaben sollte nicht in Erfüllung gehen. Casson war inzwischen eine zu bekannte und vielbewunderte Persönlichkeit geworden, und es waren vor allem die Werbeleute, die ihn in England willkommen hießen und ihn im Jahr 1915 zum Präsidenten des

Publicity Clubs von London erkoren. Wieder hielt er Vorträge, wieder versuchte er, Wirtschaftsführer und Manager von der Notwendigkeit einer effizienteren Arbeitsweise zu überzeugen. Er fand den Telefondienst schlecht und versuchte, Remedur zu schaffen mit der Hilfe einer so bekannten und einflußreichen Persönlichkeit wie *Lord Northcliffe,* der seinerseits sich bemühte, die lethargisch gewordenen Bürger des Weltreiches wachzurütteln.

Casson im ersten Weltkrieg

Am 4. August 1914, als der erste *Weltkrieg* ausbrach, bot Casson seine Dienste der Regierung an, und weil er dort wenig Echo fand, richtete er sich an die Wirtschaftsführer, lud diese zu Luncheons ein, immer mit dem einen Ziel: die bequem gewordenen, verschlafenen Mitbürger des stolzen Britischen Imperiums, seines geliebten Landes, im Blick auf die erwachte weltweite Konkurrenz zwischen den Industrieländern und auf die besonderen Anstrengungen, die nötig waren zur Besiegung von Englands Kriegsfeinden, zu effizientem Handeln zu bewegen.

Als er einsah, daß er das allein mit dem gesprochenen Wort und seinen persönlichen Auftritten nicht erreichen konnte, gründete er 1915 das *Efficiency Magazine.* In seiner Umgebung hielt man den Versuch für einen Flop. Doch allein die erste Nummer fand 24000 Abonnenten. Zur Zeit, als Edward E. Casson diesen Lebensbericht seines Vaters veröffentlichte, erreichte das Efficiency Magazine die stolze Monatsauflage von 200000 Exemplaren. Das war mehr als der Herausgeber sich je hätte träumen lassen. Erfolg wurde zu Herbert Cassons sichtbarster Eigenschaft. Wer Erfolg haben wollte, nahm ihn zum Vorbild. Effizient zu sein wie er und nach seinem Beispiel zu handeln wurde für viele zur geheimen Passion.

Mehr über Casson als Schriftsteller und Redner

Effizient schreiben

Wie Casson Bücher schrieb

Wenn Vater Casson spürte, daß ein Thema in der Luft lag, suchte er zuerst seine umfangreiche Bibliothek auf. Auch wenn er darin ein Werk fand, welches das Gebiet behandelte, ging er dennoch jedes Mal zum Buchhändler, um dort festzustellen, was sonst noch zu dem Thema publiziert worden war. Er kaufte die entsprechenden Bücher oder bestellte sie, wenn sie nicht vorrätig waren. Dann studierte er rasch die vorliegende Literatur und machte sich Notizen, die er auf Karteikarten übertrug. Er schuf sich so das, was man heute eine *Wissenskartei* nennt.

Damit nicht zufrieden, schrieb er allen Persönlichkeiten, von denen er glaubte, daß sie ein besonderes Wissen auf dem zu bearbeitenden Gebiet gesammelt hatten. Zudem las er Fachzeitschriften mit der Schere, machte Ausschnitte und klebte sie auf Karten.

Innerhalb weniger Wochen hatte er jeweils eine Kartei von etwa zweihundert Karten beisammen. Diese ordnete er alsdann nach Kapiteln. Wenn das getan war, begann Herbert Casson zu schreiben – genauer gesagt, seine Texte ins Ediphone zu diktieren.

Durch diese umfangreiche Vorarbeit wurden seine Bücher fundierter. Sie enthielten alle greifbaren Fakten und stellten den Stoff in abgerundeter Form dar.

Cassons Lehrsätze

Weil Herbert Casson dem Leser mit der Lektüre keine Zeit stehlen, sondern ihn informieren und ihm handfesten Rat bieten wollte, faßte er seinen Stoff stets in Axiomen und Lehrsätzen zusammen. Er fand dies notwendig, er hielt es für seine Pflicht, seinen Lesern jeweils in leicht einprägsamen Formeln die Quintessenz seiner Lehren zu vermitteln.

Zum ersten Mal behandelte er einen Gegenstand auf diese Weise in seinem Buch «*The Axioms of business*». Er erklärte dem Leser, daß Naturwissenschaft, gleichgültig ob Chemie, Physik oder Astronomie, auf Gesetzen aufgebaut ist. Ebenso verhalte es sich im Geschäftsleben, wo vierzehn Axiome gültig seien.

Das war im Jahr 1915, und dieses erste, axiomatisch aufgebaute Buch erlebte drei Auflagen in englischer Sprache und wurde in vierzehn Fremdsprachen übersetzt. Es ist vergriffen, wie fast alle Bücher Cassons.

Regeln für die Lebenspraxis

Mit immer größerer Begeisterung destillierte Casson aus seinen Büchern Gesetze heraus mit Verhaltensanweisungen und Regeln für die Lebenspraxis. Sein im Jahr 1918 erschienenes Buch «*Human Nature*» sollte anhand von wiederum vierzehn Axiomen dem Leser klarmachen, daß die menschliche Zivilisation und Kultur nur eine hauchdünne Schicht bilden, wie die der Erdoberfläche. Wir müssen sie in dauernder Arbeit stärken, damit nicht plötzlich die brodelnde Magma des Chaos aus der Hülle vulkanartig ausbricht und Zerstörung anrichtet.

Sie haben es gelesen: Vierzehn Grundsätze sind für unser zivilisatorisches und kulturelles Verhalten wegleitend und vierzehn sind im Geschäftsleben zu beachten, keiner mehr, keiner weniger.

Was ist dazu zu sagen? Nun, einerseits macht es Casson seinen Lesern leicht, wenn er einen umfangreichen Stoff zum Schluß in einige einprägsame Formeln verpackt. Andererseits können Regeln zu Ruinen der Gewohnheit werden. Vergessen wir nicht, daß stringente Gebote gewissen Religionen zum Verhängnis geworden sind, weil sie mit der Zeit nicht Schritt hielten. Diese Vorsicht gilt auch für betriebswirtschaftliche Rezepte: Sie können rasch veralten und obsolet werden.

Die philosophische Sicht

Im eben genannten Buch «Human Nature» entwickelte Casson seine These von der polaren Weltwirklichkeit, die

Gegensätze gehören zum Dasein; sie ergänzen sich

besagt, daß unsere Erde und alles, was darauf lebt und gedeiht, auch die Menschen, in einem von Gegensätzen bestimmten Spannungsfeld stehen: Werden und Vergehen, Egoismus und Altruismus, Gut und Böse. Alles entwickelt sich in diesem ursprünglichen Struktur- und Entwicklungsprinzip. Die große Aufgabe der Philosophie, der Erziehung und der Religionen ist es, die Menschen dazuzubringen, den goldenen Pfad der Mitte einzuhalten, also beispielsweise nicht nur selbstsüchtig, sondern auch selbstlos und uneigennützig zu denken und zu handeln und sich nicht nur vom kalten Verstand leiten zu lassen, sondern auch auf die innere Stimme, das Gefühl und das Gewissen zu hören.

Vom Umgang mit Geld

Im Jahr 1920 wagte sich Herbert Casson an Finanzfragen heran. Er versuchte, mit seinem Buch *«Twelve tips for Finance»* Investoren mit seinen Ratschlägen unter die Arme zu greifen. Schon immer hatte ihn die Börse fasziniert, und er sprach gern mit Börsenmaklern. Was er dabei lernte, veröffentlichte Casson in vielen Artikeln im Wall Street Journal. Eine zeitlang publizierte er in dieser berühmten Zeitung wöchentlich seine Kolumne.

Er beobachtete Angebot und Nachfrage über Jahre, beriet Anleger und entwickelte seine Wirtschaftstheorie von der Aufeinanderfolge von Konjunktur und Depression. 1929, als er in New York weilte, sagte er in einem Aufsatz prophetisch den großen Börsen-Crash voraus – der dann auch wirklich am Tag nach der Publikation des Textes erfolgte. Innert Stunden sackten die Kurse in ungeahnte Tiefen ab. Es gab an jenem denkwürdigen schwarzen Tag Selbstmorde ruinierter Spekulanten.

Der große Crash

Einer von Herbert Cassons typischen Ratschlägen an den Anleger, den er immer wiederholte, lautete: «Kauf immer Aktien des besten Unternehmens in der schlechtesten Branche.» Wie klingt das in den Ohren heutiger Anlageberater?

Ergonomie

In seinem Werk *«Handbook for formen»* behandelt Herbert Casson – vorausschauend wie er war – das, was wir heute Ergonomie nennen. Darunter verstehen wir die Lehre von den Leistungs-Möglichkeiten und Grenzen des arbeitenden Menschen sowie von der optimalen wechselseitigen Anpassung zwischen dem Menschen und seinen Arbeitsbedingungen.

Casson erwies sich in diesem Werk als Pionier seiner Zeit; er fand heraus, daß der Arbeiter die verlangte Leistung mit dem geringsten Aufwand dann erbringt, wenn er das zu bearbeitende Stück oder den Hebel der zu bedienenden Maschine auf Hüfthöhe vor sich hat. Casson beschäftigte sich weiter mit der Beleuchtung des Arbeitsplatzes, die aber, wie er erwähnt, allein noch nicht die bestmögliche Sicht gewährleistet. Diese hängt auch ab vom Hintergrund der Werkbank oder der Farbe der Maschine. Der Hintergrund muß mit dem Vordergrund farblich kontrastieren, lehrt Casson.

Fortschritt fordert Eliten

Casson wandte sich immer wieder den Voraussetzungen menschlichen Wohlergehens zu. Das Ergebnis seiner Studien faßte er an einer Stelle folgendermaßen zusammen: Die fortschreitende Entwicklung der Menschen und der wünschenswerte Reifungsprozeß unserer Lebenswelt hängen ab von der Heranbildung einer relativ kleinen Zahl hochentwickelter Individuen. Diese müssen ihren Mitmenschen überlegen sein in ihrem Charakter, ihrem Wissen und Können. Bei ihnen wird dann die Macht liegen, und sie werden diese gebrauchen, um ihre Mitmenschen zu Wohlstand und Zufriedenheit zu führen.

Wir brauchen Eliten

Das klingt ganz nach *Platon,* der 400 Jahre vor Christus forderte, die Könige sollten Philosophen und die Philosophen Könige werden. Soviel ich weiß, wird er deswegen von Politikern verlacht.

Die oben dargelegte Überzeugung Cassons wurde zur zentralen Idee seines Buches *«Creative Thinkers»* – «Schöpferische Denker». Die darin beschriebenen «Efficient Few», die Führer, standen für Casson im Gegensatz zu den Verwaltern, die beim Auftauchen von Problemen, statt souverän zu entscheiden, eine Kommission ins Leben rufen, die in langwierigen, umständlichen Diskussionen den gordischen Knoten entwirren soll.

Der gordische Knoten

Casson sympathisiert also mit *Alexander dem Großen,* der 334 v. Chr. in Gordion mit dem Schwert den berühmten Knoten durchschlug und damit, vorübergehend wenigstens, zum Beherrscher eines großen Teils Asiens wurde. Fortschritt war immer und wird immer ein Einmann-Job sein, meint Casson. Gefordert sind flexible Denker und Tatmenschen. Gerade heute, da sich unsere Welt in einer zuvor nie erahnten Geschwindigkeit verändert, sind Unternehmer mit innovativer Denkkraft gesucht. Und Casson hatte recht: Schöpferisches Potential ist zumindest ansatzweise in jedem von uns enthalten, es kann geübt und entwickelt werden.

Jeden Monat ein Buch

Ab 1930 hatte Casson seine Schreibarbeit so perfekt organisiert, daß es ihm möglich wurde, jeden Monat ein Buch zu vollenden. Und dies wohlverstanden neben seiner journalistischen Tätigkeit, seinen Vorträgen und der Redaktion seiner «Efficiency Reports».

Dieses Schreibtempo blieb nicht ohne Folgen. Neben geistsprühenden Sätzen und gelungenen Metaphern stoßen wir auch in den Werken seiner Reifezeit auf Halbdurchdachtes, auf zu leicht aus der Feder geflossene Stellen. Im Taumel der Begeisterung wird manches oft repetiert.

Zu seiner Rechtfertigung hätte Casson auf die heute anerkannte Lerntheorie verweisen können, wonach die Wiederholung dem Behalten und der Perfektion dient und den sogenannten Transfer fördert: Ein solide erworbener Grundstock von Wissen erleichtert es, neue Kenntnisse zu erwerben und ähnliche Aspekte alten und neuen Lernstoffes zu übertragen und zu verbinden. Einfacher sagte das schon die goldene Inschrift über unserer Schulhauspforte. Mit drei Worten mahnte sie uns Schüler: «Repetitio mater studiorum», die Wiederholung ist die Mutter des Lernens.

Cassons erstes Buch erschien im Jahr 1897, sein letztes 1951. Darüber sagt Sohn Edward: «Meines Vaters größter Stolz war sein Buch ‹*Eighty years of youth*› – ‹Achtzig jugendliche Jahre›. Die Gestaltung dieses Werkes war neu für meinen Vater und für seine Leser. Auf jeder Seite behandelte er einen Gedanken – nur einen einzigen. Er formulierte ihn so kurz und prägnant als möglich. Es war, wie er mir sagte, sein ‹Denk-Buch›. Die Idee war, jede Seite langsam zu lesen und dann das Gelesene in sich einfließen zu lassen und es beschaulich zu überdenken.» Ich werde Cassons Idee auf den «Seiten zur Meditation» aufnehmen.

Vortragskunst

Niemals las Casson eine Rede ab. Niemals erschien er mit einem Manuskript vor seinen Zuhörern. Augenblicke bevor er ans Rednerpult gerufen wurde, notierte er sich einige Stichworte zum Thema. Wenn er aufstand und seine Stimme erhob, entwickelte sich sein Vortrag ganz unwillkürlich in stetem Kontakt mit dem Publikum.

Beherrsche die Sache, dann kommen die Worte
Cato

Er sagte, der Redner müsse arbeiten wie ein Bildhauer: Er müsse die Masse der Zuschauer, die er vor sich habe, formen und durchdringen und aus ihr das herausholen, was ihm vorschwebe und was in den Zuhörern schon drin stecke. Zu Beginn müsse er natürlich die Aufmerksamkeit seiner Zuhörer gewinnen und diese wachhalten bis zum Schluß, was Casson mit vielerlei Tricks, Gags und Gimmicks tat.

Casson als Showstar

So warf er beispielsweise einige Pennies in die ersten Reihen seiner Zuhörer. Die Leute standen automatisch auf, um die Geldstücke zusammenzulesen und sie ihm zurückzubringen. Er nahm sie freundlich grinsend entgegen und sagte: «So ist es, meine Zuhörer: Sie bemühen sich jetzt um meine wenigen Pennies, die auf dem Boden lagen; das ist lieb von Ihnen, danke schön. Schade nur, daß Sie das viele Geld, das in Ihrem Betrieb verstreut auf dem Boden liegt, übersehen.» Er meinte damit natürlich die Verschwendung und Vergeudung von Rohstoffen und Zeit in den Unternehmen.

Es kommt ja gelegentlich vor, daß in einer Vortragsveranstaltung Leute sich wichtig machen wollen, indem sie dem Referenten widersprechen und ihn zu irritieren versuchen. Es entsteht dann eine gespannte, unfruchtbare Atmosphäre, die Casson auf seine besondere Art zu beheben suchte: «Meine Herren», rief er beispielsweise diesen blasierten Zuhörern zu, «wenn Sie glauben, alles zu wissen und alles zu können,« – er goß das Glas Wasser vor sich über das Rednerpult – «wie lösen Sie dieses Problem, wie bringen Sie das Wasser wieder zurück ins Glas?» Unweigerliches Lachen im Publikum. «Mein Vater war berühmt für seine Gags», meint Sohn Edward, «sie halfen ihm, sein Publikum zu meistern und zu amüsieren.» Herbert Cassons Enthusiasmus und Optimismus übertrugen sich auf seine Zuhörer. Er war ein Meister der Improvisation.

Anders, wenn er ein Buch schrieb. Dann trug er den Inhalt längere Zeit mit sich herum und ging mit der Zeit immer systematischer vor. Darüber haben wir schon berichtet. Texte von weniger als hundert Worten schrieb er nur einmal und lieferte sie ab, ohne sie durchzulesen, so groß war seine Routine. Wenn ihm ein Zeitungs- oder Zeitschriftenredaktor die Wortzahl eines bestellten Artikels vorgab, brauchte er nicht zu zählen. Ein Blick aufs Manuskript sagte ihm, ob die Länge stimmte.

Mr. H. N. Casson, when he gets really convincing.
(A caricature by Graham Simmons)

«Mein Vater schrieb auch etliche Gedichte, ließ sie aber nie veröffentlichen, er wollte den Literaten keine Konkurrenz machen. Wahrscheinlich war er sich auch der Qualität seines in Reimen Geschriebenen nicht so sicher», schreibt der Sohn.

Casson – ein Workaholic?

Einige seiner Kritiker würden ihn heute zu Unrecht einen «Workaholic» nennen. Das sind die kurzsichtigen Menschen, die ihre physischen Grenzen und den menschengemäßen Maßstab ignorieren und die Leistungskurve überziehen. Sie wissen nicht, wann sie einhalten, sich vom Arbeitstisch weg anderem zuwenden sollten. Casson mit seiner vielseitigen Orientierung war ein Meister in der Kunst, den Kräfteverschleiß zu meiden, sich immer wieder leiblich und seelisch zu regenerieren und seine innere Freiheit zu wahren.

Bei Aufregungen und Ärger begann er, bewußt zu atmen: einziehen des Atems bei gewölbtem Bauch, ausatmen durch den leicht geöffneten Mund. Er beruhigte sich durch entsprechende Gedanken und Bilder, etwa Landschaften, einen breit dahinfließenden Strom oder das weite Meer. Er verbrachte schöpferische Pausen in seinem Garten, betrachtete Bäume, Büsche und Blumen und lauschte dem Vogelgesang. Er eignete sich denn auch gute ornithologische Kenntnisse an.

Die Kunst, abzuschalten

Wenn ich abends mein Tagwerk beendet habe, kann ich nicht einfach die Arbeitslampe löschen, ich muß ein Licht entzünden, um mich zu entspannen.
Winston Churchill

Ein originelles Beispiel dieser ausbalancierten Lebensweise, dieser Kunst des Um- und Abschaltens: Casson hatte einen Gast zum Abendessen eingeladen, traf selber aber verspätet zuhause ein. Zur Überraschung des Besuchers erklärte er diesem, er müsse nun noch ein wenig tanzen mit seiner Gattin. Er legte dann auch eine Platte auf das Grammophon und tat, zum kreischenden Schlager, was er verkündet hatte, um dann für seinen Gast ganz Ohr zu sein.

Statt zu tanzen, löste er manchmal nach einem anstrengenden Arbeitstag das Kreuzworträtsel seiner Abendzeitung, um seinen Gedanken eine andere Richtung zu geben. Grundsätzlich aber war Casson der Überzeugung, daß die Arbeit unserem Lebensstil den richtigen Tiefgang gibt. Für ihn galt offenbar das altehrwürdige Wort: «An ihren Früchten sollt ihr sie erkennen.» Daran wollen wir uns erinnern, wenn die junge Generation manchmal die Leistung verächtlich macht.

Die Arbeit gibt unserem Lebensschiff den richtigen Tiefgang
Eccles und Robinson

Herbert Casson war kein Leistungsverächter, eher schon ein Leistungsverehrer – mit deutlichen Vorbehalten allerdings: Leistung soll uns nicht zum Arbeitstier verkommen lassen. Das hat der Leser längst bemerkt.

Ich stelle in meinem Bekanntenkreis fest, daß heute junge Menschen scheitern, weil ihnen ein Mindestmaß an Leistungsfreude und Ehrgeiz fehlt. Sie sind schulmüde, leben planlos in den Tag hinein, steigen aus der Lehre aus und vegetieren dahin. In ihrer Umgebung ist Ehrgeiz ein Reizwort, Tüchtigkeit ist unanständig, weil – wie man meint – doch der Tüchtige seinen Nächsten konkurrenziert, ihn in den Schatten stellt und ins Abseits drängt, was als sittlich fragwürdig und inhuman gilt. So gesehen gilt das Erfolgsgefühl zu Unrecht als Ausdruck von übersteigertem Ehrgeiz, der zum Selbstzweck wird. Er gilt als Resultat falscher Erziehung und ist Sünde.

Wer aufhört besser zu werden, hat aufgehört gut zu sein
Philipp Rosenthal

Wer Ehrgeiz so rundweg ablehnt und diffamiert, negiert eine unserer natürlichen Anlagen. Wenn wir Sport treiben oder spielen, zum Beispiel beim Kartenspiel, geht es darum, zu gewinnen. Sport ist weitgehend ein Streben nach Überlegenheit und Selbstbestätigung. Jeder setzt seinen Ehrgeiz ein, um zu siegen. *Alfred Adler* nennt in seinem Werk «On the Origin of the Striving for Superiority» den Ehrgeiz eine jedem Menschen innewohnende Eigenschaft, einen inhärenten Charakterzug, *notwendig* für die

Ehrgeiz: Voraussetzung großer Taten

Entfaltung und Entwicklung der Persönlichkeit. Sie dürfe freilich den Gemeinschaftssinn nicht auslöschen, fügt er einschränkend und sehr richtig bei. Dazu mahnt auch die christliche Religion. Immerhin: Wäre nicht der menschliche Ehrgeiz, so würden wir vermutlich immer noch in Höhlen wohnen, uns mit Fellen bekleiden und am Holzfeuer wärmen. Keine kulturellen Leistungen weit und breit. Gewiß schuf Picasso seine Bilder aus malerischer Passion, aber darin war zumindest auch ein Gran Ehrgeiz enthalten.

Casson hatte ein Leben lang einige sehr prononcierte Abneigungen. Er haßte alles Bürokratische. Hohle Konversation, Engherzigkeit, Willkürherrschaft, faules Nichtstun erfüllten ihn mit Abscheu.

Was er mochte und was ihn freute, waren Reisen und gut geschriebene Bücher. Er suchte das spannende Erlebnis, war gern lustig. Ein Mensch, der nicht lachen kann, ist arm dran.

Das große Finale

Einige Tage nach seinem achtzigsten Geburtstag – er hatte eben zu Abend gegessen – erwähnte er so beiläufig, er werde in einer Woche nach Neuseeland fliegen, und er sei noch nicht ganz sicher, wann er wieder zu Hause sein werde. Er nannte diese Reise sein «Grand Finale».

«Anschließend nahm er mich in sein Studio», erzählt Sohn Edward, «und zeigte mir verschiedene Mappen mit Manuskripten. ‹Das reicht Dir für sechs oder acht Monate›, bemerkte er, ‹und dann wirst Du die Redaktion meines Efficiency-Magazine selbst übernehmen. Während meiner Reise werde ich noch einiges dazuschreiben und es Dir schicken›.

Er startete am 6. Oktober 1950 vom Londoner Flughafen aus und besuchte Australien, die Fidschi-Inseln und landete schließlich in Neuseeland. Unterwegs begegnete er Tausenden von Anhängern und hielt über dreißig Vorträge zum Thema Efficiency. Zehn Monate lang war er unterwegs. Nach dieser Flugreise von 35 000 Meilen kabelte er eines Tages zurück, er werde übermorgen zu Hause sein.

Auf dem Flughafen begegneten wir einem glücklichen, aber sichtlich übermüdeten Mann. Er gab sich zufrieden, sagte, er habe nun alles getan, was er sich vorgenommen habe. Und wir, die ihn erwarteten, hatten den Eindruck, daß ihm nur noch kurze Zeit vergönnt sei. Und so kam es: Am 4. September 1951, wenige Tage vor seinem 82. Geburtstag, starb mein Vater.

Nach seinem Wunsch übergaben wir sein Hirn der chirurgischen Abteilung der königlichen Universität zu Studienzwecken.

Mein Vater wurde beigesetzt in einem kleinen Friedhof des Dorfes Down, einer Ortschaft in Kent, dem Geburtsort Darwins. Damit endet die Lebensgeschichte meines Vaters», schreibt Edward. «Ich habe nun dem Leser viel über ihn erzählt, aber mehr noch verschwiegen. Ich habe über sein privates Leben wenig gesagt. Mit voller Absicht, muß ich sagen, nach meiner Meinung ist das Privatleben eines Menschen seine eigene Sache und die seiner Allernächsten.

Auch bei der Schilderung seines Berufslebens habe ich etliches ausgelassen. Ich finde das richtig und bin der Meinung, daß nur die Höhepunkte seiner farbigen Lebensgeschichte für die Öffentlichkeit interessant sind.

Ich habe mir Mühe gegeben, meinen Vater so zu schildern, daß sich der Leser seine eigene Meinung über ihn bilden kann.

Kapitalist und Sozialist

Man nannte meinen Vater einen Kapitalisten – doch hat er mehr getan als viele andere, um den Wohlstand der Werktätigen zu heben und ihr Leben lebenswerter zu machen.

Man nannte meinen Vater einen Sozialisten – doch wer hat gleiches geleistet, um den Reingewinn von Tausenden von Industrie- und Handelsunternehmen zu verbessern?

In seinen letzten Jahren nannte man ihn einen ‹Grand Old Man› – er wurde älter an Jahren, behielt aber seine passionierte Art, seine Vitalität und seinen Enthusiasmus in einem Maß, wie es nur selten vorkommt.

Labor omnia vincit – Arbeit überwindet alles

An vielen Punkten seines Lebens hätte er aufhören, sich zurückziehen und zur Ruhe setzen können, lebte er doch seit langem in materiellem Wohlstand. Doch Nichtstun war ihm zuwider. Er mochte nicht «in Pension gehen» und sich zurückziehen. Ihm kam es einzig darauf an, fort und fort zu lernen und zu lehren. Er war ein Mann, der jede Minute seines Lebens liebte.

Ungern verabschiedete er sich aus der Geschäftswelt, und ich bin sicher, daß viele Geschäftsleute ihn missen. Seine Stimme ist verstummt und seine Feder ruht, aber sein Lebenswerk wird weiterwirken, und er wird weiterleben in dieser großartigen, hektischen Welt, die wir die unsere nennen.»

Meine Lebensphilosophie

Meine Lebensphilosophie ist es, Gutes zu tun und es gut zu haben.

*

Das Leben hat einen hohen Preis, aber wir sollten ihn freudig zahlen und dann unsere Zeit gut nutzen.

*

Der Alltag bietet vielerlei Anlaß zu Freude und Fröhlichkeit: Hungrig und durstig, genießen wir Speise und Trank; Gespräche regen uns an und schenken uns neue Ausblicke; Freundschaften verbinden und tragen uns; Liebe kann unsere Existenz vervielfachen, uns bereichern, indem wir sie verschenken.

*

Das Universum ist so groß, und ich bin so klein, daß ich mich weder plagen noch fürchten, noch mich erhaben fühlen, noch eitel geben soll. Es ist alles so einmalig ernst, daß ich es nicht so ernst nehmen darf. Ich muß alles freudvoll und unerschrockener annehmen als Wunder.

*

Wenn ich nicht für meine Rechte kämpfe, bin ich ein Feigling. Wenn ich meinem Nächsten Unrecht tue, handle ich wider meine innere Stimme; und wenn ich nicht schöpferisch lebe, bin ich ein Nichts.

*

Die vier besten Dinge, die ich in dieser Welt gefunden habe, sind Wissen, Geld, Güte und Spaß. Wenn es mir gelungen ist, diese Werte zu mehren, so war mein Leben nicht umsonst.

Herbert N. Casson

Kein undifferenziertes Erfolgsdenken mehr

Den Erfolg lehren im beruflichen und privaten Bereich, das ist es, was Herbert Casson beabsichtigte, das und nichts anderes. Casson war damit einmalig. Es gab damals keine vergleichbaren «Erfolgsbücher».

Inzwischen sind die Tugenden, die Casson unermüdlich pries, zu denen er uns erziehen wollte, zum Teil anrüchig geworden. Ich habe das weiter vorn schon angetönt: Erfolg, Leistung, Fleiß, Karriere, Ehrgeiz, Wohlstand sind für viele zu Reizwörtern geworden. Sie haben zu einem Generationenkonflikt geführt. Wenn ich mich unmöglich machen, eine hitzige Kontroverse entfachen will, muß ich nur den alten, zugegeben etwas dümmlichen Spruch zitieren von der Arbeit, die das Leben süß macht. Wer sich heute mit dieser Weisheit identifiziert, muß damit rechnen, mit vehementer Kritik zertreten zu werden.

Die alte Generation habe den Jungen eine ausbeuterische, die Natur zerstörende Leistungsgesellschaft beschert, wird er hören. Sie verschmutze Flüsse und Seen, vergifte unsere Böden, verunreinige die Luft und lasse den Wald sterben. Darum: Schluß mit der Leistungsverherrlichung. Wer hektisch und sinnlos um sich selbst rotiert, verpaßt sein Leben und versündigt sich an der Umwelt.

Wir brauchen eine ganzheitliche ökologische Sicht

Die so anklagen und rebellieren (oder rebellierten?), die Blumenkinder Kaliforniens, die Hippies, die Aussteiger und Tunixe haben jedenfalls eines bewirkt: einen Wandel in unserem ökologischen Bewußtsein. Freilich nicht sie allein. Da waren noch der *Club of Rome,* und da waren Futurologen und anerkannte Vertreter verschiedener Wissenschaften, deren Analysen und Prognosen uns aufschreckten.

Ich erinnere an den 1979 erschienenen ideologiefreien *Harvard Energy Report,* der eine sachliche Gesprächsbasis für verantwortungsbewußte Wirtschaftsführer und tendenziell grün denkende Menschen bildete. Ich erinnere ferner an die amerikanische Studie *«Global 2000»,* zu der die

Neue Zürcher Zeitung im Jahre 1982 schrieb: «Die amerikanische Studie ‹Global 2000› über die weltweite Entwicklung in den nächsten zwanzig Jahren hat deutlich gemacht, daß *ohne Änderungen* gesellschaftlichen, wirtschaftlichen und politischen Verhaltens die Umwelt *irreversible Schäden* erleidet, die ihrerseits katastrophale Auswirkungen auf die menschliche Gesellschaft und ihre wirtschaftlichen Grundlagen auslösen könnten.»

Wertewandel aus Notwendigkeit

Solche Mahnungen haben zu einem *Wertewandel* und einer neuen Betrachtung der Dinge geführt, die Herbert Casson nicht ahnen konnte. Wir haben Prioritäten neu gesetzt.

Neue Parameter

Arbeit und Leistung, Technik und Fortschritt werden neu bewertet. Die Fixierung auf die Arbeit allein scheint vernunftwidrig. Der Umschwung ist zahlenmäßig belegbar: Die Arbeitszeit wurde verkürzt, die Ferien werden verlängert. Die Freizeit gewinnt an Bedeutung und ganze Industrie- und Handelsunternehmen leben davon. Frühpensionierungen sind häufiger. Die durchschnittliche Lebensarbeitszeit ist schon halbiert oder wird es bald sein.

Doch bereits stellen wir fest, daß auch heute, wie zu jeder Zeit, Extremisten kein langes Leben haben. Die Verkehrung aller bisherigen Vorstellungen war zuviel. Das Pendel verliert seinen Schwung, ja es schwingt zurück. *Es kommt zu einer Verbindung von altem mit neuem Denken.* Zwar gewinnt das Leben in der Privatsphäre immer noch an Bedeutung, der Wertewandel setzt sich fort, doch nicht mehr so unbesonnen: Leistung und beruflicher Erfolg werden von einer Mehrheit der Jungen wieder anerkannt und bejaht. Die Unheilspropheten sind zwar nicht verstummt, ihre Stimmen sollen und dürfen nicht heiser werden, aber die Reaktionen, die sie auslösen, sind nicht mehr so extrem. Die «No future-Jeremiaden» haben ihre hypnotische Kraft eingebüßt. Statistiken beweisen, daß heute eine große Mehrheit umweltbewußt geworden ist, jedoch der Marktwirtschaft zutraut, mit den Problemen fertigzuwerden.

Vom vielgescholtenen überdimensionierten Wachstum kann ja faktisch keine Rede mehr sein. Die jährlichen Zuwachsraten erreichen bei uns kaum noch drei Prozent. In ihrem Gutachten zur Lage und zu den Problemen der schweizerischen Wirtschaft schreiben denn auch die Autoren Rohmbach, Kleinewefers und Weber: «Der Verzicht auf Wachstum ist weder eine notwendige noch eine hinreichende Bedingung für das Überleben der Welt, geschweige denn der Schweiz; es kommt auf die Art des Wachstums an. Wachstumspolitik ist möglich und notwendig. Sie sollte sich weder von Weltuntergangsprognosen noch vom aktuellen Konjunkturgeschehen aus dem Konzept bringen lassen.»

Typisch Casson

Der Leser erinnert sich: Diese Lebensgeschichte Herbert N. Cassons beruht auf der Biographie seines Sohnes Edward, der den Lebenslauf seines Vaters neu aufzeichnete, weil er der Meinung war, dessen Eigenbiographie vermittle nicht das richtige Bild. Was nun aber folgt, sind Exzerpte aus *Originaltexten* seines Vaters selbst, weil diese doch zum bessern Verständnis der für viele unvergeßlichen, bis an sein Lebensende aktiven, ja ruhelosen Persönlichkeit beitragen. Farbig davon abgehoben sind Kommentare und Ergänzungen meinerseits. Casson schreibt:

Der weise alte Mann

Als ich einundzwanzig war, begegnete ich einem weisen alten Mann. Er blickte mir ins Auge und sagte: «Unser Leben ist so schrecklich kurz, versuch, das Beste daraus zu machen.»

An diesen Ausspruch habe ich immer wieder gedacht. Er setzte mich jedesmal neu in Trab, wenn ich versucht war, die Früchte meines Erfolges zu genießen, mal zurückzulehnen und mich dem süßen Nichtstun hinzugeben. Wieder und wieder forderte ich mich selbst heraus, wagte mich aus dem sicheren Hort ins unruhige Wasser hinaus. Das Motto «safety first» war für mich ein Horror.

Wahrscheinlich ist das so, weil ich das Leben liebe, vom Wunder unseres Daseins ergriffen bin, aber auch fasziniert von den dunklen Seiten unserer Existenz, den Höhen und Tiefen, die wir durchwandern, der Freude und der Trauer, die uns durchströmt, dem ständigen Wandel in uns und um uns. Wer das alles mit offenem Herzen wahrnimmt, möchte mit all seinen Fasern teilhaben an diesem unbegreiflichen, geheimnisvollen Zauber.

Wir leben und wissen nicht wozu, wir sterben und wissen nicht wohin.
Ernst Bloch

Ich bin immer noch, wie in meiner frühsten Jugend, interessiert an der zivilisatorischen und kulturellen Entwicklung des Menschen, und das ist so, weil ich in einem Dorf hinter dem Mond geboren wurde, weil ich keine Stadt sah, bis ich vierzehn war, weil ich am pulsierenden städtischen Leben erst teilnehmen konnte mit vierundzwanzig. Als Knabe aus dem hintersten und abgeschiedensten Dorf erlebte ich die Städte und ihren Reichtum als bares Wunder, als großartige Leistung menschlichen Geistes.

Wenn ich Auto fahre auf einer Straße, die so eben und glatt ist wie ein Tisch, kommen mir die holprigen Ochsenwagen in den Sinn, mit denen sich die ältere Generation begnügen mußte. Wann immer ich in meinem Haus einen Wasserhahn aufdrehe, und es fließt Trinkwasser, das meilenweit weg in einem Reservoir gesammelt wurde, in mein Glas, kommt mir der lange Weg in den Sinn, den ich mit zwei Kesseln gehen mußte, um das kostbare Naß nachhause zu schleppen.

Der «weise alte Mann» aus neuer Sicht

Casson hat am Anfang dieses Kapitels einen *«weisen alten Mann»* zitiert, dem er einen Rat fürs Leben verdankte. Wir begegnen solchen wissenden und welterfahrenen Figuren gewöhnlich in Märchen, Mythen und Sagen. Sie verkünden uns ewige, unvergängliche und allgemeingültige Wahrheiten. Ob unser Autor dem «weisen Alten» wirklich begegnet ist oder ihn bloß erfunden hat, um seiner Aussage ganz besonderes Gewicht zu geben, sei dahingestellt.

Jedenfalls bemüht der aufgeklärte Mensch unseres Jahrhunderts diese mythischen Gestalten kaum mehr, wenn er vor lebenswichtigen Entscheidungen steht. Leider! Dazu folgende Geschichte:

Theodor Reik, ein Freund *Sigmund Freuds* und später selbst psychoanalytischer Praktiker, war sich unsicher in seiner Berufswahl und zweifelte zudem, ob er eine bestimmte Frau heiraten sollte, als er eines Abends dem «weisen alten Mann» – eben Sigmund Freud – auf seinem täglichen Spaziergang durch die Ringstraße in Wien begegnete.

Er ging mit ihm nach Hause, wo ihn Freud wie immer nach seinen Plänen fragte. Reik erzählte ihm von seinen Problemen und hoffte auf einen entscheidenden Rat – vergeblich allerdings.

Freud antwortete nämlich so:

Ein Rat von Sigmund Freud

«Wenn ich eine Entscheidung von nicht allzu großer Bedeutung fällen mußte, habe ich es immer vorteilhaft gefunden, alles Für und Wider abzuwägen. In lebenswichtigen Dingen jedoch, wie etwa der Wahl eines Partners oder eines Berufs, sollte die Entscheidung aus dem Unbewußten kommen, irgendwoher aus unserem Innern. In den wichtigsten Entscheidungen unseres persönlichen Lebens sollten wir, so meine ich, uns von den tiefen inneren Bedürfnissen unseres Wesens leiten lassen.»

Wir sollen also gerade in wesentlichen Fragen intuitiv entscheiden, meinte der weltberühmte und viel konsultierte Begründer der Tiefenpsychologie. Wir sollen uns leiten lassen von der dem Intellekt entgegengesetzten scientia intuitiva, dem unmittelbaren Gewahrwerden eines Sachverhaltes, ohne daß bewußte Reflexion darauf hingeführt hätte. Das lesen Sie noch an anderer Stelle dieses Buches. Die Intuition kann uns eine entscheidende Hilfe sein, vielfach ist sie sogar der einzige und verläßlichste Wegweiser.

Wunder der Zivilisation

Ich weiß, die Errungenschaften der Zivilisation wurden uns nicht geschenkt. Sie sind für mich nicht selbstverständlich. Die Dampflokomotiven, die heute unsere Züge schnaubend durch die Gegend ziehen, in nie geahnter Geschwindigkeit, kommen mir immer noch wunderbar vor. Als die ersten englischen Eisenbahnen zu rollen begannen, hatte ich einmal Gelegenheit, einen Heizer kennenzulernen, und heute noch denke ich mit Hochachtung an den harten Beruf und die Strapazen dieser sich aufopfernden Männer. Zu

meinen Bekannten gehörte jemand, der das erste Dampfschiff mit seiner schwarzen Rauchfahne hatte vorbeiziehen sehen. Bis an sein seliges Ende erzählte er davon.

Ich selbst wollte Zimmermann werden. Häuser bauen, das schien mir eine großartige Aufgabe. In meiner Freizeit lernte ich mit Werkzeugen umgehen und brachte es ordentlich weit, sodaß ich mit einunddreißig ein einstöckiges Haus aufzustellen im Stande war, ohne fremde Hilfe. Es enthielt sogar ein eigenes Studierzimmer für mich und eine Werkstatt.

Bauen, Zimmermann werden

Niemals stehen bleiben

Im Lauf meines Lebens wurde mir immer deutlicher bewußt, daß zuviele Menschen zurückblicken und ihre Arbeit so tun, wie sie immer getan wurde. Das, was man ihnen einmal beigebracht hat, halten sie für ewig gültig. Für neuere, effizientere Arbeitsweisen bleiben sie blind. Dabei ist doch das Schönste und Größte am Menschen, das, was ihn vom Tier unterscheidet, die geistige Dimension, das Denken und die schöpferische Kraft.

Und noch etwas fiel mir mit der Zeit auf: Wer sich einmal angewöhnt hat, Arbeitsabläufe unvoreingenommen mit offenen Augen zu betrachten, dem fällt es leicht, Verbesserungen einzuführen, ganz gleichgültig in welcher Branche. Er sieht, wo Arbeitskraft und Material vergeudet werden, wo undichte Stellen sind, wo Verluste entstehen. Wenn ich jeweils an der Seite des verantwortlichen Mannes durch die Fabrikhallen ging, verstand ich zwar von der Branche weniger als mein Begleiter, aber ich entdeckte Dinge, die ihm vorher nicht aufgefallen waren. Fachleute werden zu oft branchenblind.

Gewohnheit macht blind

Man kann ein Unternehmen mit einem Weiher vergleichen. Wenn das Wasser nicht verderben soll, muß ständig frisches hinzufließen. Wenn das nicht geschieht, wird der Weiher zum toten Tümpel.

Jedes Unternehmen beginnt mit der Zeit zu degenerieren, wenn wir nicht gelegentlich für eine Blutauffrischung sorgen. Es geht da um einen ununterbrochenen Kampf gegen die Degeneration, die Entartung, den Verfall. Ein Betrieb, der auf Hochtouren laufen soll, läßt uns nie in Ruhe.

Diese Einsichten ließen mich zum *Unternehmensberater* werden. Ich ergriff einen Beruf, den es bisher nicht gegeben hatte. Ich wurde zum professionellen Spender neuer Ideen und Erfinder neuer Methoden.

Ich will gleich gestehen, daß ich anfänglich große Schwierigkeiten hatte. Der durchschnittliche Geschäftsmann war der Meinung, er kenne sein eigenes Unternehmen am besten, einfach weil er ihm so und so lange vorgestanden hatte – ohne jemals zu zweifeln an der hundertprozentigen Richtigkeit seiner Ansichten. «Wie soll mich ein Außenseiter beraten können?» lautet jeweils seine indignierte Frage.

Sehen Außenseiter wirklich mehr?

Ich kann mich sehr gut an meine erste Begegnung mit *Lord Leverhulme* erinnern; es war im Jahr 1915. Ich hatte ihn kennengelernt als Referenten in einem Zirkel von Geschäftsleuten in London. Er schrieb mir darauf einen Brief und ersuchte mich, ihn zu besuchen in seinem Haus in Hampstead.

Die Besprechung war auf neun Uhr angesetzt. Ich traf pünktlich ein und hatte kaum meinen Hut abgelegt, als er auf mich zusteuerte mit der Frage, ob ich immer noch der

Ansicht sei, ein Outsider sei fähig, einen Fabrikanten zu beraten. «Freilich, das ist meine Meinung», antwortete ich unerschrocken. Er überfiel mich mit einer Tirade von Zweifeln, die mit der Erklärung endete, er wolle nun einmal die Probe aufs Exempel machen.

Bald nachher besuchte ich eine seiner Fabriken und lieferte ihm schriftlich die gemachten Beobachtungen. Ich sagte ihm, was ich gut und was ich weniger gut gefunden hatte und machte ihm konkrete Vorschläge für Verbesserungen, für Einsparungen und Reformen.

Lord Leverhulme, das weiß der Leser schon, war der oberste Mann von Unilever. Mit einigem Staunen las er mein Konzept. Vom Saulus wurde er zum Paulus, und es kam zu einer langen, fruchtbaren Zusammenarbeit.

Fragen, fragen und nochmals fragen

Wenn jemand viele Bücher und viele Handels- und Fabrikationsunternehmen studiert hat, kann er zu einem Efficiency-Experten werden, wenn er dabei methodisch vorgeht. Ich will sagen: Er muß kein überragender, einmalig begnadeter, geistesmächtiger Übermensch sein. Es genügt, daß er haarscharf beobachtet, dabei lernt und das Erlernte kreativ verwertet.

Beobachten und denken

Er geht den Ursachen und Wirkungen auf den Grund. Wenn man ihm von irgendwelchen alten Erfahrungen erzählt, hört er zwar zu, beginnt aber gleich zu zweifeln. Meinungen sind für ihn noch keine Tatsachen.

Die Vorgänge und Abläufe in Produktion und Vertrieb betrachtet er wie ein Junge die Kunststücke der Artisten im Zirkus. Was ist das Geheimnis der großartigen Leistungen? Wo andere einfach staunen, analysiert er, fragt nach dem Warum, dem Wieso und Weshalb. Und das immer mit dem Ziel, mit gleichem oder gar geringerem Aufwand ein noch besseres Resultat zu erreichen.

Hundertmal habe ich den magischen Effekt dieses Spiels von Analyse und Synthese erlebt; wer so vorgeht, hat schließlich Aladins Wunderlampe in der Hand. Zwar kann auch er über Nacht keine Stadt bauen, aber ich habe erlebt, wie es solchen Experten möglich ist, insolvente Firmen in einigen Monaten in die schwarzen Zahlen zurückzubringen. Ich habe gesehen, wie ein lahmes Detailhandelsgeschäft innert Wochen in Trab gebracht wurde, wie ihm neue Käufer zuströmten und die Kasse zu stimmen begann.

Noch erstaunlicher: Ich habe erfahren, wie ganze kränkelnde Branchen zu neuem Leben erweckt wurden dank der Tätigkeit eines fähigen Beraters, eines Mannes, der die greifbaren Daten sammelte, die Veränderungen der Umwelt und den sich wandelnden Markt beobachtete und alles überdachte. Das tönt sehr einfach, doch nach meiner langen Erfahrung können nur wenige Menschen unabhängig beobachten, aus den Beobachtungen die nötigen Schlüsse ziehen und diese schöpferisch und mutig in die Praxis umsetzen.

Die meisten leben im Wahn, sie wüßten schon alles über alles. Sie lassen sich von eingefahrenen Meinungen leiten, statt den Verstand einzusetzen und die Dinge immer wieder mit neuen Augen kritisch zu betrachten. Es gibt in der Geschäftswelt zuviel Aberglauben. Ich muß immer an die primitiven Religionen denken. Ich bin so vielen Menschen begegnet, die ihr Tagwerk ablaufen ließen wie ein uraltes Zeremoniell und quasi abergläubisch handelten, statt sich leiten zu lassen von der gesunden und kritischen Vernunft. Wir müssen uns die Wissenschaft zum Vorbild nehmen. Wissenschaftliche Methoden gibt es eigentlich erst seit 1858.

Wissenschaft: an Scheinwahrheiten zweifeln

Ich wollte wissen, warum Herbert Casson gerade auf das Jahr 1858 gekommen war und habe herausgefunden, daß damals die Atomgewichte im Verhältnis zum Wasserstoff festgelegt wurden, daß man ferner mehr über elektrische Schwingungen herausfand, dazu das Elektron entdeckte, und schließlich Virchow seine Cellular-Pathologie begründete, also nachwies, daß Krankheit in der Erkrankung bestimmter Zellen gesehen werden muß. Im Jahr 1858 wurde auch Max Planck geboren, der deutsche Physiker und Nobelpreisträger.

Die Menschheit erlebt immer wieder technische und zivilisatorische Entwicklungsschübe radikaler Art. Die meisten der eben aufgezählten wissenschaftlichen Leistungen wirkten sich zwar erst später aus und führten zu Neuerungen in der Industrielandschaft und der Medizin. Aber Casson stand unter dem Eindruck des von 1830 bis 1870 dauernden Booms im Eisenbahn-, Schiffs- und Maschinenbau. Dieser, wie jeder Aufschwung in unserer Wirtschaftsgeschichte, wurde ausgelöst durch denkende, faustisch schaffende, erfinderische Menschen. Ihnen verdanken wir zahllose Lebenserleichterungen.

Wenn wir heute wieder eine solche Epoche stürmischer Vorwärtsentwicklung durchlaufen, sind wir uns mehr denn zuvor der heiklen Frage bewußt, wieviel wir vom Alten erhalten, wieviel wir erneuern, anders machen sollten. «Wir dürfen nicht bedenkenlos allem applaudieren, was da im Gewande des Neuen auf uns zukommt», meint *Peter G. Rogge.* «Die Gleichung ‹neu = besser› oder gar ‹neu = gut› wäre nicht nur eine Formel zur unterschiedslosen Anbetung jeglicher Veränderung, sondern vor allem auch eine Formel zur unterschiedslosen Zerstörung alles Erhaltenswerten.»

«Neu = besser» stimmt nicht immer

Doch solche Vorbehalte entheben uns nicht der Pflicht, uns zeitgemäß zu verhalten, die Qualität unserer Produkte und Dienstleistungen in immer schnellerem Rhythmus den gegebenen Möglichkeiten entsprechend zu entwickeln, die Produktivität effizienter zu gestalten, neue Formen der Organisation und der Arbeit zu suchen und Wege aus zukünftigen Engpässen der Rohstoffversorgung zu finden.

Jedenfalls: Herbert Casson würde sich freuen, er wäre heute ganz in seinem Element. Er würde uns zu innerer Vitalität aufrufen und uns in wärmsten Worten gewisse seiner

Efficiency-Gedanken ans Herz legen und die lähmende «no future»-Mentalität austreiben. Mit gutem Grund. Doch nehmen wir seinen Lebensbericht wieder auf. Er serviert uns in den folgenden Zeilen als «Showman», der er war, eine seltsame Demonstration von Effizienz.

Grau ist alle Theorie,
grün ist des Lebens
goldner Baum
Goethe

Ich kann mich an einen Vortrag in Berlin erinnern, der mit einer Fragestunde schloß, erzählt Casson. Es waren viele Professoren und Journalisten anwesend, und sie bestürmten mich mit unangenehmen Fragen. Sie begriffen nicht, was ich unter Efficiency verstand. Sie bezweifelten meine Thesen und sahen nicht ein, was Wissenschaft mit der Führung eines Wirtschaftsunternehmens zu tun haben sollte. Sie glaubten nicht an die Möglichkeit und den Nutzen methodisch planvollen Denkens in der ihnen so fremden Geschäftswelt.

So führte ich ihnen denn an drei Beispielen vor, was ich unter effizienter Arbeitsweise verstand. Zuerst warf ich eine Stecknadel auf den Boden und ersuchte meine Gesprächspartner, sie richtig aufzuheben, also schnell und mit der geringstmöglichen Mühe, und ohne ein Dutzendmal daneben zu greifen. Die anwesenden Herren versagten. Dann gab ich ihnen einen Bleistift und ein Messer und bat sie, den Bleistift auf die einzig richtige Art zu spitzen. Wieder versagten sie. Dann legte ich ihnen ein dickes Buch auf den Tisch und einen Bogen Einwickelpapier. Diesmal bestand die Aufgabe darin, das Buch richtig zu verpacken. Sie konnten es nicht.

Alle diese Männer sollten junge Menschen auf das Leben vorbereiten, sie belehren und ertüchtigen. Dabei waren sie so unpraktisch und weltfremd, so doktrinär und unbeholfen, daß sie nicht einmal eine Nadel richtig aufheben, einen Bleistift kunstgerecht spitzen und ein Buch sachgemäß verpacken konnten. Wie sollten so linkische, verbildete Menschen, angefüllt mit Bücherweisheit, imstande sein, an Probleme, auf die sie vorher nicht gedrillt worden waren, schöpferisch heranzugehen? Wo es doch in allen Bereichen des Lebens darauf ankommt, unterschiedlichste Situationen zu erfassen und praktische Lösungen zu finden.

Mir ist es oft vorgekommen, als lebten die meisten Menschen in einer Art Hypnose, in einem fixierten, zwanghaften Weltverständnis. Sie verbringen ihr Dasein im Rahmen eng begrenzter Vorstellungen, verrichten gewisse Tätigkeiten wie Automaten nach immer denselben vorgegebenen Mustern, ohne dabei viel zu denken. So fristen sie kümmerlich ihr enges Dasein. Ihre Ansichten decken sich mit denjenigen der Umgebung und ihrer Ahnen. Sie vegetieren dahin, bis sie ein ungewöhnliches Ereignis oder ein Außenseiter mit seinen neuen Ideen aus dem Schlaf rütteln.

Dieses triste Bild gilt nicht nur für die Bauern und die Arbeiter, sondern ebenso für die sogenannte gebildete Klasse. In der Tat gibt es so viele gescheite Leute, die ihr Leben damit verdienen, alte, unzeitgemäße Vorstellungen zu verewigen. Ich denke da an gewisse Lehrer, Professoren und Wirtschaftsunternehmer.

Der Verstand ist eine Werkstatt, kein Lagerhaus

Sobald ein Mensch einmal aufwacht und seinen Verstand als eine Werkstatt und nicht als ein Lagerhaus betrachtet, wird er endlich zum denkenden, vernünftig handelnden Wesen. Er bekommt seine Probleme in den Griff. Er tritt aus der Masse der Nachbeter heraus und wird zum Führer. Er beginnt, zu lernen und zu lehren. Das Resultat sind Verbesserungen rundum. Er entdeckt die Magie des denkerischen Tuns. Und es gelingt ihm, die Welt in einigen Bereichen zu wandeln und sie in einem besseren Zustand zu verlassen, als er sie betrat.

Wir brauchen Lehrer als Multiplikatoren

Ja, es ist unvermeidlich so: Sobald ein Mensch lernt, wird er zum Lehrer. Er verspürt den Drang, sein Wissen weiterzugeben, für seine Erkenntnisse zu werben. Er versucht, seine Mitmenschen über seine neuen Einsichten zu informieren, sie für seine Ansichten zu gewinnen. Er verändert dadurch die öffentliche Meinung. Er übernimmt die Rolle des Erziehers. Er erkennt die fundamentale Bedeutung der Erziehung der Massen und wendet sich gegen die reaktio-

Erziehen ist Entwicklungshilfe

nären Kräfte in unserer Gesellschaft, die nur eines anstreben: die Verewigung der Unwissenheit und der Vorurteile der Vergangenheit. Zum Glück habe ich Wissenschaftler und Pädagogen kennengelernt, die wie ich dachten und sich einsetzten für eine Öffnung unseres Schul- und Erziehungswesens. Wer heute nicht mit der Wissenschaft geht, lähmt alles.

Casson setzt sich gelegentlich dem Verdacht unmenschlich kalten kartesianischen Denkens aus. Für ihn scheint die Ratio zu sehr das allein richtige Fundament menschlicher Entwicklung zu sein. Der heutige Leser weiß, daß neuerdings in den Schulen die Vergötterung und Kultivierung des Verstandes auf Kosten des Gefühls und Gemüts als einseitig und falsch gilt im Blick auf eine abgerundete, ganzheitliche Entfaltung des Menschen. Die Ziele der Erziehung haben sich gewandelt. «Das Problem ist heute nicht die Atomenergie, sondern das Herz des Menschen», mahnte ausgerechnet Albert Einstein. Früher schon rief uns *Rousseau* auf zur «Kultur der Gefühle».

Gesucht: Leaders

Darwin hat uns gelehrt, daß die Tüchtigsten überleben werden. Wann immer und wo immer der Pöbel regiert, überdauern die Unfähigen und nehmen das Steuer in die Hand. Folglich ist es klar, daß die dominierenden Nationen der Zukunft weise Männer und Frauen an ihre Spitze stellen müßten, progressive Denker, die Schluß machen mit den Irrtümern und Verrücktheiten gewisser Volksstaaten.

Ich habe herausgefunden, daß das Wissen unendlich ist. Je länger ich lebe, desto mehr wird mir klar, daß ich von allem, was auf unserem Planeten vorgeht, nur den kleinsten Teil begreife. Ich bin auf vielen Straßen gewandert mit offenen Augen. Ich wandere weiter, es ist ein Weg ohne Ende. Jeder, der sein Leben lebenswert machen will, muß weiterpilgern und lernen, solange er atmet.

Selbst der Weiseste soll weiterlernen (nach Sophokles)

Lernen – das bringt Erfolg. Und lehren – das macht uns glücklich. Der Mensch, der zwei Dinge liebt, nämlich das Wissen und seine Mitmenschen, wird zu Geld kommen und zu Glück und alt werden und nichts bereuen. Gelegentlich muß er hinaufgehen in die Berge, um dort in der Stille allein zu sein und nachzudenken, und dann wieder muß er hinuntersteigen in die Städte und das lehren, was er gelernt hat.

Wenn ich meine ganze Lebenserfahrung in eine Formel bringen müßte, so würde sie lauten: Bleib jung! Der Mann, dem es gelingt, in seinem Innersten jung zu bleiben, der ist auf dem rechten Weg, sein Leben wird ihm gelingen, und die Freuden des Daseins sind ihm sicher. Er wird sich fortentwickeln und sich seines Daseins freuen, wenn er nur neugierig und wissensdurstig bleibt.

Die erfolgreichsten Männer, denen ich begegnete, hatten alle ein jugendliches Herz. Das schützte sie vor dem Altern. Für sie war das Leben ein freudvolles Spiel und eine Schule, in der es Tag für Tag zu lernen galt.

Jeder braucht Freunde

Wenn ich schließlich noch einen letzten Rat geben darf, so wäre es dieser: Gewinnen Sie Freunde. Es gibt keine Lebensversicherung, die besser wäre als viele Freundschaften. Kein Mensch ist eine Insel. Ich wage zu sagen, daß kein Mensch mehr Freunde gehabt hat als ich.

Ich habe berühmte Menschen kennengelernt und ganz einfache, anspruchslose, und von allen habe ich profitiert. Alle haben mir irgendwie geholfen auf meinem Lebensweg. Durch meine Zeitschrift bin ich mit zahllosen Lesern in Kontakt gekommen. Das hat mir Freude bereitet, mir aber auch ein Gefühl der Verantwortung für den Mitmenschen gegeben. Ja, dies ist eine herrliche, eine wunderbare Welt. Es wird mir sehr leid tun, wenn ich sie dereinst verlassen muß.

Directions for Business Success

Ich möchte dieses Werk Cassons «Buch der Bücher» nennen, ein unternehmens- und lebensberaterisches «Diversicum».

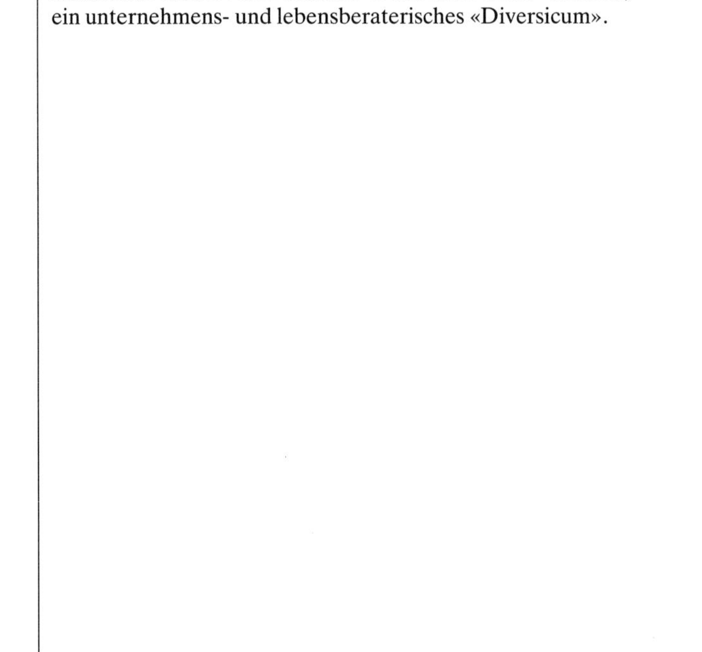

Ich werde nun einige von Herbert Cassons 184 Büchern vorstellen und auf deren Inhalt näher eingehen, den Text ins Deutsche übertragen und dabei vor allem jene Passagen wählen, welche seit ihrem Entstehen gültig geblieben sind.

Seinen Söhnen widmet Herbert Casson ein Buch mit dem Titel *«Directions for Business Success»*, mit dem ich mich nun eingehender beschäftigen will. Es sei für die Lebenspraxis geschrieben, sagt er im Vorwort, und es stelle die Summe seiner gesammelten Erfahrungen dar.

Er nennt seine nun folgenden Notizen Verhaltensregeln in der Lebenskunst und bezeichnet sie als «eine Sammlung von Normen und Grundsätzen, die festlegen, wie man das Beste aus seinem Leben macht». Das Ganze sei eine Art Verhaltenskodex, fügt er bei. Die einzelnen Paragraphen, von denen hier eine Auswahl folgt, sind im Original fortlaufend nummeriert.

Für Skeptiker sei gesagt, daß die folgenden Gedanken nicht als Kochbuch-Rezepte aufgefaßt werden wollen. Was für den einen gilt, kann für den anderen falsch sein. Jeder muß seine eigenen, ihm gemäßen Problemlösungen finden. Anregen lassen sollten wir uns aber auf jeden Fall. Wir wollen uns mit Cassons Lehren auseinandersetzen, sie mit unseren eigenen Erfahrungen und Ansichten vergleichen.

Nimm Dich ernst

Casson weist uns gleich im ersten Absatz des Buches auf einen Grundsatz von immerwährender Bedeutung hin, der, seitdem er geschrieben wurde, nichts von seiner Richtigkeit verloren hat: Wir sollen uns ernst nehmen. Wir sollen die Gründe unseres Erfolgs oder Scheiterns nicht irgendwo in unserer Umgebung oder bei andern suchen, sondern bei uns selbst.

Wenden Sie sich zuallererst sich selbst zu. Nehmen Sie sich ernst. Ohne grüblerisch zu werden, beobachten Sie sich, analysieren Sie Ihr Verhalten, Ihre Reaktionen, Ihre Vorstellungen, Wünsche, Träume. Vielleicht waren Sie bisher blind für einige Ihrer Charaktereigenschaften, für besondere Schwächen oder Stärken. Jeder ist sich selbst der Nächste, heißt es zwar. Doch ich stelle immer wieder fest, daß viele sich selbst am fernsten sind und mehr unbewußt als bewußt und ohne Selbsterkenntnis mehr oder weniger glücklich durchs Leben streunen.

Werde, der Du bist
Nietzsche

Casson zitiert zwar nirgends die berühmte Inschrift, welche die Griechen im Fries des Tempels zu Delphi jeweils lasen, wenn sie dort in schwierigen Lebenssituationen Rat suchten. «Erkenne Dich selbst», stand dort. Auf die Selbsterkenntnis legte auch Casson großen Wert. Einer, der zwar viele materielle Reichtümer sein eigen nennt, sei damit noch kein großer Mensch, manchmal eher schon eine komische Figur, meint er. Was Sie besitzen und was Sie als Mensch sind, beides muß ausgewogen sein. Und beides verlangt ein lebenslanges Lernen, eine schöpferische Persönlichkeitsentfaltung von Dauer. Wir sind ständig unterwegs, aber nie endgültig am Ziel. Wer meint, etwas zu sein, hat aufgehört, etwas zu werden.

Sie, lieber Leser, sind kein zufälliges Ding unter andern Dingen dieser Welt. Sie sind Teil des Geistes in einem geistigen Universum. Eine Erbsubstanz wurde Ihnen in die Wiege gelegt, Sie können sie positiv oder negativ nützen.

Gedanken sind Kräfte

Sie sind in hohem Maß das Produkt Ihrer Gedanken. Gedanken sind Kräfte; sie verwirklichen sich. Alles, was Menschen auf diesem Planeten erfanden und schufen, entsprang einem geistigen Funken, einer Idee, angefangen vom Rad bis zur raffiniertesten Denkmaschine. Wir sind Geist, in einer leiblichen Wohnung zuhause. Wir sind winzige, aber wichtige und einmalige Teile eines unendlich großen Alls. Und dieses All ist von Geist durchwoben.

Die moderne Wissenschaft hat uns diesen Pantheismus erst richtig nahegebracht und bewiesen.

Herbert Casson zeigt sich hier als Esotheriker. Ich möchte diese Feststellung keinesfalls abwertend verstanden wissen.

Geben Sie Ihrer Selbstentfaltung den Vorrang vor allem andern. Öffnen Sie Ihren Tresor voll unerkannter Möglichkeiten und latenter Anlagen. Gewiß, ein bestimmtes Maß an Selbstzufriedenheit läßt uns gut schlafen, wir brauchen es. Wenn wir aber nicht mehr an uns selbst arbeiten, verkümmern wir, und unsere Gaben verderben. Wenn wir diese nützen, dienen wir damit nicht nur uns selbst, sondern unseren Mitmenschen und unserem Land.

Unterschätzen Sie nicht den Wert Ihrer Freizeit, von der wir ja zusehends mehr bekommen. Gehen Sie sorgsam damit um, lassen Sie sich Ihre freien Stunden nicht sinnlos abhanden kommen. Nichts gegen das «dolce far niente», gegen zweckfreies Tun, aber es muß in einem gesunden Verhältnis zum schöpferischen Tätigsein stehen.

Casson rät uns, die Hälfte unserer Freizeit der Förderung unserer Persönlichkeit zu widmen und uns in der andern Hälfte zu erholen. Es sei nicht gleichgültig, wie wir unsere Abende und Wochenenden verbringen, schreibt er.

Individualität – die Quelle echten Fortschritts

Seien Sie nicht Herr Jedermann. Wohl ist Teamgeist notwendig, am Arbeitsplatz wie zuhause; besinnen Sie sich aber dennoch Ihrer Eigenart, formen Sie das aus, was Ihre Persönlichkeit ausmacht, Sie vom Durchschnitt unterscheidet. Schließlich verdanken wir Wohlstand und Wohlergehen gerade den Menschen, die manchmal ausgetretene Pfade meiden und eigene, neue Wege wagen.

Heute würde Casson zufügen: Computer und Roboter sind gut, doch ersetzen sie nicht den innovativen, phantasiebegabten Menschen.

Lernen Sie eigenständig denken. Lassen Sie sich auf keine fremden Geleise manövrieren, keine fremde Etikette anhängen. Bleiben Sie sich treu. Der Eigenbestimmte ist stärker als der Fremdbestimmte. Kooperieren Sie mit andern, prüfen Sie andere Meinungen, aber seien Sie kein Schilfrohr, das sich dem leisesten Wind beugt. Die Selbstverleugnung ist keine Tugend. Je stärker Sie sind, desto besser können Sie andern helfen.

Ich möchte an dieser Stelle eine kleine schöpferische Pause einschalten. Sie haben bemerkt, lieber Leser, wohin Herbert Casson zielt. Er möchte Mut machen, und das ist ihm in der bewegten Zeit, in der er lebte und lehrte auch gelungen.

Ziel: innere Reifung

Er möchte uns befreien von Kleinmut und Ängstlichkeit und uns unseren eigenen Lebensstil finden lassen. Wir sollen nicht fremdbestimmt wie Marionetten durchs Leben gehen. Casson rüttelt seine Freunde wach. Er verhilft ihnen zur Selbstfindung. Er möchte aus ihnen echte, ausgereifte Menschen machen, die keine Statussymbole brauchen, um jemand zu sein.

Casson zeigt Wege zur Selbstbefreiung. Er zeigt uns Wege zur inneren Freiheit, zur Gelöstheit und Gelassenheit; er lehrt uns die Lebenskunst und das Lebensglück. Er war seinerzeit nach dem Zeugnis aller, die ihn erlebten, ein einzigartiger Animator, dem es gelang, unzählige Menschen vor einer eindimensionalen Entwicklung zu bewahren.

Nun aber wieder in Cassons Originalton:

In Ihrer Jugend müssen Sie herausfinden, welche Tätigkeit Ihnen am besten liegt, in welchem Job Sie am leistungsfähigsten sind und sich am glücklichsten fühlen. Wenn Sie sich für Ihre Beschäftigung nicht begeistern können, werden Sie zu einem freudlosen Menschen, der es nicht weit bringt. Sie sind ein Teil eines großen Puzzles, und Sie müssen den Platz finden, in den Sie genau hineinpassen.

Wo liegt der Unterschied zwischen kaltem Wasser und brodelndem Dampf? Das Feuer unter dem Kessel bringt das Wasser zum Sieden, erzeugt Dampf und damit Pferdestärken, welche die Lokomotive davonfahren lassen. Ein einziges Glas Wasser genügt, um einen Sechstel einer Pferdestärke zu erzeugen. So wird latente Kraft zu wirksamer Energie. Jeder kann schlafende Kräfte mit dem Feuer seiner Begeisterung in Energie umwandeln, so daß kraftvolle Bewegung entsteht.

Enthusiasmus ist das schönste Wort der Welt
Christian Morgenstern

Ob jung oder alt, lassen Sie Ihre Jahre niemals zum Handicap werden. Junge Menschen haben manchmal die Tendenz zur Bequemlichkeit. Sie verzetteln und vertrödeln wertvolle Kräfte mit allerlei billigen Vergnügungen. Ältere Menschen werden selbstzufrieden, lernfaul und unbeweglich. Sie verzichten auf die Fülle eines reichen, spannenden Lebens in reiferen Jahren. Schade, schade.

Menschen, die erfolgreich große Verantwortung tragen und in ihrem Beruf vorwärtskommen, halten in allen Dingen Ordnung. Das hat mich meine Erfahrung gelehrt. Suchen macht nervös: Wo nur finde ich schnell dies, und wo muß ich jenes suchen? Unordnung verbraucht unsere Nervenkraft.

Ordnung ist das halbe Leben

Deshalb: Halten Sie Ordnung auch in kleinen Dingen. Halten Sie Ihre Rock- und Hosentaschen frei von nutzlosem Kleinkram. Gewöhnen Sie sich daran, jedes Ding jederzeit in derselben Tasche zu tragen. Ein Griff und Sie haben's. Unordnung, auch in alltäglichen Dingen, überträgt sich auf unsern Geist. Organisieren Sie sich auch im kleinen so, daß Sie mit klarem Kopf präsent sind und keine Minute zum Suchen brauchen.

Machen Sie sich nützlich an Ihrem Arbeitsplatz. Die meisten Mitarbeiter eines Unternehmens arbeiten eigentlich in Kommission: Wenn sie ihre Aufgabe optimal erfüllen, sogar etwas mehr leisten, als man von ihnen erwartet, fallen sie vorteilhaft auf. Für den, der sich gelegentlich freiwillig zu einer Extraleistung aufrafft, gilt das doppelt. Er erwirkt ohne Jammern oder langes Reden und Argumentieren am Jahresende eine Salärerhöhung, vielleicht eine Be-

Leistung und Lohn

förderung. Wenn Sie vorwärts kommen wollen, leisten Sie etwas mehr, als es Ihrem Gehalt entspricht, auf keinen Fall weniger.

Sind Sie aber einmal selbst der Boß, so leben Sie Ihren Pflichten nach und versuchen Sie, sich darin selbst zu übertreffen. Seien Sie loyal zu Ihren Mitarbeitern. Gewinnen Sie ihre Achtung und ihren guten Willen. Ihnen monatlich ein Gehalt zu zahlen, das genügt nicht.

Mitmensch sein

Sorgen Sie auch für einen guten Geist, ein sportliches Klima in Ihrem Unternehmen. Interessieren Sie sich für die Sorgen Ihrer Mitarbeiter, seien Sie ihnen Mitmensch. Unter einem großzügigen, hilfreichen Chef leisten sie mehr. Geben Sie Ihren Mitarbeitern auch Gelegenheit zur Weiterbildung. Loben Sie gute Leistungen spontan, weisen Sie aber ebenso auf Fehler hin und zwar immer sofort, mit einer gütigen (nicht zornigen!) Geste. Bedenken Sie: Niemand ist vollkommen.

Ziele und Ideale beflügeln

Packen Sie zu! Setzen Sie sich ein Ziel. Machen Sie sich auf den Weg. Nützen Sie Ihre Phantasie und setzen Sie Ihre Ideen in die Tat um. Versuchen Sie dabei, immer ganz bei der Sache zu sein. Tun Sie ganz, was immer Sie tun. Konzentrieren Sie sich auf Ihre jeweilige Aufgabe. Seien Sie effizient. Der Tätige hat mehr vom Leben.

Wenn Sie ein Ideal haben und sich ein Ziel setzen, wählen Sie es so, daß es auch wirklich erreichbar ist. Nützen Sie dabei Ihre Phantasie, aber passen Sie auf, daß sie sich nicht zu weit von der Wirklichkeit entfernen. Bleiben Sie Realist. Wählen Sie ein Ziel, das Ihren Fähigkeiten entspricht.

Es sind die Träume, die die Welt bewegen und verändern
Marcel Marceau

Ein Ideal kann ein Stimulans sein, aber auch eine Droge. Träume können fruchtbar sein für Erfinder und Wissenschaftler. (Berühmte Mathematiker und Chemiker haben denn auch in der Tat in ihren Träumen wichtige Entdekkungen gemacht.) Andererseits gibt es Träumer, die den Boden der Wirklichkeit unter den Füßen verlieren und in der Scheinwelt des Opiumrauchers leben.

Wenn es um Ihre Zukunft geht, so bleiben Sie nicht kleben an einer einzigen und immer gleichen Vorstellung. Sobald Sie eine Etappe Ihrer Reise in die Zukunft erreicht haben, nehmen Sie sich das nächste Ziel vor. So bleiben Ideen immer die Sprungbretter Ihrer Entwicklung.

Nichts gegen den Altruismus, das selbstlose Denken und Handeln, wie es uns die Bergpredigt lehrt. Doch brauchen wir auch das Pendant, das Gegenstück, den Selbsterhaltungstrieb, den Egoismus.

Notwendige Selbstbehauptung

Wir müssen, um im Leben zu bestehen, auch an uns selbst denken, an unsere Bedürfnisse und Interessen. Wir müssen die Chancen nützen, die auf uns zukommen. Wir sollen uns selbst nicht übersehen, nicht unterbewerten. Zum Beispiel salärmäßig. Manche Leute verdienen zwar mehr, als ihnen eigentlich zukommt, viele andere verdienen hingegen zu wenig. Es gibt Reiche, die ihren Besitz tatsächlich verdienen, und es gibt Arme, denen eigentlich Reichtum gehörte. Sie müssen um Ihrer Selbstachtung und Unabhängigkeit willen darauf bedacht sein, in dieser Welt Ihr Teil zu erhalten.

Bestehen Sie auf Ihren Rechten. Um jedes Recht wurde in einer früheren Generation gekämpft, und wenn Sie den Wert Ihrer Rechte geringschätzen, sich nicht dafür wehren, werden Sie sie verlieren. Leben heißt kämpfen – auch kämpfen für seine eigene Freiheit. Tyrannen lösen sich ab. Jede Gesellschaft hat soviel Freiheit, wie sie verdient. Sklavenseelen finden immer ihren Herrscher. Das ist heute so wahr wie vor tausend Jahren. Der Preis der Freiheit ist die Wachsamkeit.

Einen reichen Vater oder Onkel zu haben ist vielleicht angenehm, kann Ihnen aber zum Verhängnis werden, weil Sie es dann nicht nötig haben, sich selber zu helfen. Sie dürfen Ihre Fehlschläge nicht auf Ihre Eltern abschieben oder Ihre Umgebung. Das ist zu einfach. Selbsthilfe ist die Voraussetzung für Ihr Selbstwertgefühl. Wenn der Geist der Selbsthilfe erlöscht, wird der Mensch zum Parasiten.

Hilf Dir selbst, sonst hilft Dir niemand

Selbstmitleid? Nie!

Was immer Ihnen zustößt, bemitleiden Sie sich niemals. Selbstmitleid wirkt lähmend, macht Sie zum Weichling, zum kleinen schwachen Kind, das um Hilfe schreit. Sie geben sich preis. Schließlich werden Sie in krankhafter Weise nur noch über Ihrem Elend brüten und klagen. Handeln Sie, tun Sie etwas, und schon kommen Lösungen in Sicht. Jeder erntet soviel Siege, wie er Tatkraft entwickelt.

Ich muß hier als Cassons Interpret eine Zwischenbemerkung einfügen:

Herbert Casson ist kein Psychologe der heutigen Schulen. Die Lehren von Adler, Freud und Jung und die der modernen amerikanischen Psychotherapeuten waren ihm natürlich noch unbekannt. Aus seiner eigenen Erfahrung heraus und mit der unerhörten Dynamik, die ihm eigen war, will er seine Leser ermutigen, sie selbstsicher machen, sie von Zwängen befreien, ihre Persönlichkeit stärken. Das verführt ihn manchmal zu einseitigen Empfehlungen, die zu den heutigen Erkenntnissen von den bewußten und unbewußten seelischen Vorgängen, vom Erleben und Verhalten des Menschen im Widerspruch stehen.

An etlichen Stellen wertet Herbert Casson unsere *Tradition* ab. Ich habe bereits darauf hingewiesen und lasse den folgenden Passus absichtlich nicht weg, weil eine Auseinandersetzung mit Cassons These nützlich sein kann. Casson schreibt:

Viel mehr als Sie ahnen, werden Sie durch Traditionen beeinflußt. Tradition ist ein alter Glaube oder eine Methode, die überdauert, obschon sie nicht mehr gilt. Kein menschliches Verhalten war je zu dumm, um nicht zur Tradition zu werden. So überdauerten denn ausgediente Vorstellungen und Arbeitsmethoden. Sogar in der Welt der Finanzen und Industrie verfährt man oftmals noch nach alten Überlieferungen, die ihren Sinn und ihre Berechtigung verloren haben. Allgemein ist es weise, jede Regel oder Methode anzuzweifeln, der Sie sich einmal verschrieben haben. Stellen Sie alte Gewohnheiten in Frage. Zweifeln Sie.

Mit den beiden Schlußsätzen hat Herbert Casson recht. Was er aber vorher so radikal gegen die Tradition einwendet, ist aus heutiger Sicht falsch. Er erweist sich hier als übereifriger Erneuerer und schüttet das Kind mit dem Bade aus.

Tradition läßt uns Wurzeln schlagen

Wir wissen heute, daß Tradition ein Grundphänomen der Existenz ist. Als der Erinnerung fähiges Wesen lebt der Mensch von Erfahrungen, Fähigkeiten und Erkenntnissen seiner Vorfahren und seiner selbst, er orientiert sich an sinnhaften Ordnungen und Überzeugungen, die den einzelnen überdauern. Dadurch sichert er sich eine gewisse, die Existenz gewährleistende Kontinuität. Das gilt für das Leben des Einzelnen wie der Gesellschaft. In der Tradition wurzelt aber auch in hohem Maße unsere Intuition, das unmittelbare, nicht auf Reflexion beruhende Erkennen und Erfassen eines Sachverhaltes oder eines komplizierten Vorgangs.

Althergebrachtes mit Neuem verbinden

Der plötzliche Bruch mit allem Überlieferten würde zum Chaos führen. Tradition entlastet den Menschen angesichts der vielfältigen Ansprüche, denen er sich täglich ausgesetzt sieht in dieser Zeit der Hyperkommunikation. Niemand, auch keine Gesellschaft kann auf Tradition verzichten. Sie bildet eigentlich erst die Voraussetzung dazu, daß der Mensch sich Neuem gegenüber aufschließen kann, ohne den Boden unter den Füßen zu verlieren.

Hüten Sie sich vor einem eindimensionalen Lebensstil

Es gibt soviele einseitig orientierte und unglücklich dahinlebende Menschen. Streben Sie nach einem ausgeglichenen und glücklichen Dasein. Ich rate Ihnen, die folgenden sechs Ziele nie aus dem Auge zu verlieren: Nützen Sie Ihre Zeit, um etwas zu *tun,* um zu *geben,* zu *nehmen,* zu *lernen,* zu *spielen,* zu *lieben.*

Aus der richtigen Mischung solchen Handelns erwächst Ihnen die Lebensfreude. Sie sind auf dem Weg zu einer abgerundeten Vollkommenheit. Wenn Sie eine dieser Möglichkeiten auslassen, kränkelt Ihr Lebensbaum. Wenn Sie sich auf ein Vorhaben allein ausrichten, zum Beispiel darauf, Geld zu verdienen, werden Sie vielleicht reich an Gütern, bleiben aber arm an innerem Reichtum. Denken Sie jeden Tag an die sechs Elemente der vollwertigen Daseinsgestaltung.

Ihre Gesundheit

Gehen Sie mit Ihrer Gesundheit ebenso sorgfältig um wie mit Ihrem Auto. Auch unser Leib ist eine Maschine – eine wundervolle lebendige Maschine. Die durchschnittliche Lebenserwartung unserer Männer liegt bei 73,1 Jahren. Im Jahre 1984 wurden in der Schweiz 25000 Menschen achtzig Jahre alt. Das kann an der guten, ererbten Konstitution liegen. Von denen, die früher sterben, haben leider manche unvernünftig gelebt. Viele Krankheiten können verhütet werden. Darum sollten Sie etwas wissen über den Leib, die «Wohnung», die Ihren Geist und Ihre Seele beherbergt. Sie sollten versuchen, die erstaunliche Einrichtung Ihres Körpers zu verstehen, und Sie sollten dann vernünftig mit ihm umgehen.

Ein gedrücktes Gemüt dörrt das Gebein aus (Altes Testament)

Wenn Sie krank werden, so fragen Sie sich, was Ihnen die Krankheit sagen will, was Sie falsch gemacht haben. So viele Krankheiten entstehen durch falsches Verhalten oder haben einen psychischen Ursprung oder zumindest eine seelische Komponente. Kranksein ist unangenehm und es kostet manchmal sehr viel Geld.

Herbert Casson ist ja inzwischen von der Medizin in seinen Ansichten mehr und mehr bestätigt worden. Krankheit signalisiert uns etwas. Krankheitsbilder zeigen, daß etwas an uns und in uns nicht in Ordnung ist. Was seelisch und geistig abläuft oder eben schlecht läuft, manifestiert sich oftmals am Leib.

In unangenehmen Situationen bekommen wir Herzklopfen. Verspannungen können zu Kopfweh führen. Unangenehmes oder Unbewältigtes kann uns auf dem Magen liegen. Zeigt unsere Schlaflosigkeit vielleicht an, daß wir uns nicht fallen lassen können, an einem Mangel an Urvertrauen leiden?

«Sorge im Herzen kränkt», heißt es in der Bibel. «Sorge macht alt vor der Zeit», steht an anderer Stelle. «Sorget nicht für den morgenden Tag», rät uns Matthäus. Alle Religionen mahnen uns zur Gelassenheit, so auch der Zen-Buddhismus, der lehrt, daß im Nichttun die Weisheit liege, und daß große Taten nicht in hastiger Haltung, sondern in der innern Ruhe des Nichttuns vollbracht werden. Die tiefe Ruhe gehe der großen Bewegung voraus. Höchste Vollkommenheit sei gleich wie Wasser, sagt Lao Tse im Tao-Te-king. In kleinen Rinnsalen fließe es durch die Niederungen und verändere schließlich als Fluß, Strom und Meer das Gesicht der Erde.

Allen, die gesund und leistungsfähig bleiben möchten, gibt Herbert Casson folgende Ratschläge:

– Essen Sie mäßig und nehmen Sie Ihre Mahlzeiten in Ruhe ein.
– Atmen Sie tief im Bauch und nicht oberflächlich, was leicht geschieht, wenn Sie verkrampft sind.
– Rennen Sie nicht hastig die Treppen hoch.
– Gewöhnen Sie sich an, acht Stunden zu schlafen.
– Bewegen Sie sich täglich an der frischen Luft und achten Sie dabei auf Ihre Gangart: Entspannen Sie sich, besonders in den Schultern.
– Tun Sie alles, um ohne Beruhigungs- und Schlafmittel auszukommen.
– Behalten Sie stets auch die guten und schönen Zeiten des Lebens in Erinnerung.

Einen besonderen Abschnitt widmet Herbert Casson der Bewegung an der frischen Luft:

Täglich 1000 Schritte tun, um Schritt zu halten

Begeben Sie sich jeden Tag ins Freie, unser Körper braucht regelmäßige Bewegung. Sie müssen ihn nicht unbedingt forcieren. Je nach Befinden und Lust und Laune schreiten Sie mehr oder weniger schnell voran. Wenn Sie das richtig tun, brauchen Sie wenig Kraft. Ihr Leib bewegt sich nach dem Gesetz der Gravität. Das Gehen ist ein kontinuierliches Vorwärtsfallen. Dabei spielen die Beine die Rolle der Speichen eines Rades, das sich dem Boden zu und von ihm weg bewegt. Ein Bein ist abwechslungsweise eine Säule und ein schwingendes Pendel. Beobachten Sie, fühlen Sie bei diesen Gehübungen Ihren Bewegungsapparat. Die meisten Unfälle im Alltag sind die Folge ungeschickten Gehens. Wir stolpern und fallen und brechen uns Knochen.

Interessant ist, wie Herbert Casson an dieser Stelle seines Buches uns warnt vor schnellem Treppensteigen und allgemein vor der physischen Herausforderung unseres Körpers. «Never push your body to the breaking point. Never run uphill or upstairs.» Fordern Sie Ihren Körper nie bis an seine Grenzen. Rennen Sie nie bergauf oder treppauf. Herbert Casson wäre also ein Gegner des Joggings. So ändern sich die Ansichten und Erfahrungen. Ob er dennoch recht hatte?

Keiner kann von morgens bis abends essen oder trinken oder lieben. Das gilt auch für die Arbeit. Bleiben Sie nie bei einer geistig anspruchsvollen Tätigkeit, bis Sie total erschöpft sind. Schalten Sie regelmäßige Pausen ein. Geben Sie Ihrer geistigen Batterie Gelegenheit, sich zu erholen. Tun Sie zwischendurch etwas anderes, was Sie weniger anstrengt. Bewegen Sie sich etwas in Ihrem Arbeitsraum, schauen Sie zum Fenster hinaus. Lassen Sie es nicht auf eine Zerreißprobe ankommen. Sie müssen in Form bleiben und keinen Raubbau an Ihren Kräften treiben. Das ist etwas, was Sie nie vergessen und sich täglich vornehmen sollten.

Wer die Hoffnung aufgibt, gibt sich selber auf
W. Bleicher

Die Medizin stellt immer deutlicher fest, daß die positive Einstellung des Kranken enorm viel zur Heilung beiträgt. Der defätistische Kranke wird noch kränker. Die Hoffnung ist ein großes Stimulans des Lebens. Hoffen ist eine Tugend. Hoffen heißt, bereit sein für die Möglichkeit des kraftvollen Lebens.

Jedenfalls hängt Ihre Gesundheit viel mehr von Ihnen selbst ab als vom Doktor. Denken Sie daran, daß die Ärzte im Durchschnitt nicht länger leben als andere Menschen. Es gibt heute Krankheiten, die geheilt werden können dank Medikamenten, Krankheiten, die früher tödlich verliefen. Denken Sie aber daran, daß Sie in der Apotheke kaum ein Heilmittel kaufen können, das nicht auch unerwünschte Nebenwirkungen hat. Vorsorgen ist besser als heilen.

Ihre Persönlichkeit

Es ist doch so: Wenn Sie jemandem zum ersten Mal begegnen, machen Sie sich gleich ein Bild von ihm, Sie stempeln ihn bewußt oder unbewußt ab. Der erste Eindruck ist entscheidend. Bedenken Sie, daß der andere, dem Sie vorgestellt werden, genauso reagiert. Schauen Sie Ihrem Gegenüber bei der Begrüßung offen in die Augen und reichen Sie ihm die ganze Hand. Nicht nur die Finger. Lassen Sie ihn Ihre Wärme spüren. Es ist so wichtig, daß der erste Eindruck, den Sie auf jemanden machen, positiv ist.

Der Mensch ist ein soziales Wesen. Er braucht einen Kreis von Freunden und Bekannten, die ihm zugeneigt sind, ihn durchs Leben begleiten. Wenn Sie jemanden treffen, der Ihnen sympathisch ist, den Sie mögen, so versuchen Sie, ihn zu Ihrem Freund zu machen. Sie brauchen Gesprächspartner, Mitmenschen, mit denen Sie sich austauschen können.

Nehmen Sie bei einer Begegnung nie eine Pose ein. Seien Sie der, der Sie in Wahrheit sind. Seien Sie aufrichtig. Wenn man bei Ihnen je eine Unaufrichtigkeit entdeckt, wird man vorsichtig, legt jedes Ihrer Worte auf die Goldwaage. Natürlich versuchen Sie, auf Ihre Umgebung einen guten Eindruck zu machen, aber seien Sie dabei nicht zu berechnend. Probieren Sie nie, einem Menschen etwas vorzumachen oder ihn zu täuschen.

Aufrichtigkeit – der Weg zur Originalität
Baudelaire

Schüchternheit ist ein Handicap. Der Schüchterne hat es schwer, mit Mitmenschen in Kontakt zu kommen. Er kann sich an seinem Arbeitsplatz nicht voll zur Geltung bringen und bleibt quasi eine unsichtbare Person. Man kann ihn leicht ignorieren. Der Schüchterne leidet an einem zu geringen Selbstwertgefühl. Ihm mangelt es an Selbstsicherheit.

Er wird aber diese Nachteile schließlich überwinden, indem er an sich selbst arbeitet, sein Wissen mehrt, seine Fähigkeiten entwickelt und Gutes leistet. Und vor allem, indem er die Vorstellung aufgibt, immer und überall der Größte und Beste sein *zu müssen.*

Ihre Gefühle müssen echt sein

Regen Sie sich nicht auf über Kleinigkeiten. Sparen Sie Ihre Gemütsbewegungen für wichtige Augenblicke. Verbieten Sie sich aber nicht, gelegentlich zornig zu sein und dies auch zu zeigen. Ihre Umgebung soll wissen, daß Sie kein Hampelmann sind, daß Sie nicht einfach alles mit sich geschehen lassen, daß Sie es manchmal so und nicht anders haben möchten.

Vielleicht sind Sie ein Genie mit brillanten Eigenschaften und erreichen mühelos immer im Handumdrehen Ihre Ziele. Dann sind Sie eine Ausnahme. Es ist gesagt worden, das Genie bestehe zu neunzig Prozent aus Schweiß und zu zehn Prozent aus Begabung. Da ist viel Wahres dran. Ausdauer und harte Arbeit können Wunder wirken. Nicht nachlassen gewinnt. Wer seine Ziele beharrlich und geduldig verfolgt und sich von Fehlschlägen nicht entmutigen läßt, sondern daraus lernt, wer seine Arbeit nicht halb, sondern ganz macht, der hat gute Erfolgschancen.

Das Glück ist unsere Mutter, das Mißgeschick unser Erzieher

Wenn Ihnen einmal die Glücksgöttin Fortuna übel mitspielt und Sie das gelassen und leichten Herzens hinnehmen, kann ich Sie nur beglückwünschen. Der reife Mensch erträgt Fehlschläge und Kritik. Wir sollten uns selbst und das, was wir tun, nicht allzu wichtig nehmen. Wir sind keine unfehlbaren Weisen, sondern Menschen, die dauernd lernen wollen.

Wieder möchte ich als Bearbeiter von Cassons Weisheiten eine Zwischenmerkung anbringen, ihn aus heutiger Sicht bestätigen und ergänzen:

Zur Zeit, als Casson seine Bücher schrieb, war die Welt einseitig männlich geprägt. Nicht wie in China, wo man seit Jahrtausenden wußte, daß das Gegensatzpaar yin (weiblich) und yang (männlich) den lebenstüchtigen, vollendeten Menschen ausmacht, daß auch der rational planende und handelnde Mann die Erdnähe und etwas von der Empfindsamkeit und vom Lebensgefühl der Frau braucht, um intuitiv richtig zu handeln. Bei uns mußten Männer damals – und noch lange – stählern, unnahbar, willensstark, unbeirrt, stramm sein und handeln, sonst galten sie als schwächlich und degeneriert. Niemals sollten sie sich zweifelnd selbst durchleuchten oder gar in Frage stellen. Härte war *die* männliche Tugend. Gefühlswerte paßten nicht ins männliche Erscheinungsbild.

Heute weiß man, daß das falsch war und das genaue Gegenteil richtig ist. Anteile beider Naturkräfte, der weiblichen und der männlichen, sind dem Menschen förderlich, machen ihn stark. Auf dem anlagemäßigen Zusammenfall der Gegensätze beruht der Erfolg menschlichen Handelns. Winston Churchill war eine gefühlsbetonte Natur.

Vergessen Sie nicht den Humor, diese wertvolle Seite der menschlichen Natur. Lachen entspannt, erleichtert uns, bringt uns ins Gleichgewicht.

Humor – eine Gabe des Herzens

Das Wort Humor kommt aus dem Lateinischen und bedeutet auf Deutsch «Feuchtigkeit». Wer Humor hat, ist also das Gegenteil eines trockenen, dürren Menschen, der zu ernst und zu bitter der Welt gegenübersteht, statt die Mißgeschicke des Alltags mit heiterer Gelassenheit hinzunehmen, darüber zu lächeln oder geradeheraus zu lachen. Denn Lachen verbreitet Wohlbehagen.

Seien wir uns doch immer bewußt, daß wir mikroskopisch kleine Wesen in einem unendlichen Universum sind.

Wer sich als unfehlbaren Supermann sieht, wirkt auf seine Umwelt lächerlich.

Jeder trägt in seinem Innersten seinen «élan vital», die angeborene Lebensenergie. Diese Spannkraft ist etwas vom Allerwichtigsten, was Sie besitzen. Er ist wichtiger als Wissen und Erfahrung. Es ist die Urkraft, von der Sie täglich zehren, die Sie am Leben und in Bewegung erhält.

Leider verlieren viele Menschen diesen «Zest», (um Cassons englischen Ausdruck zu verwenden). Sie gleichen einem Auto, das sich zwar noch fortbewegt im Flachland, aber am Berg Mühe hat. Sorgen Sie dafür, daß Ihr innerer Motor Berge erklimmt. Mobilisieren Sie zu diesem Zweck Ihre Vorstellungskraft. Das positive Denken belebt, wirkt sich günstig auf Seele und Leib aus.

Gleichmut und Enthusiasmus – Sie brauchen beides, auch wenn diese Gaben Ihnen als gegensätzliche Pole erscheinen. (Enthusiasmus heißt eigentlich, Gott in sich haben.) Enthusiasmus läßt ihr Leben erglühen wie das Abendlicht die Gipfel der Alpen mit ihrem ewigen Schnee. Der Enthusiast degeneriert nie zum lustlosen, teilnahmslosen, matten und gleichgültigen Geschöpf.

Versuchen Sie, wach durchs Leben zu gehen. Seien Sie immer präsent. Dann werden Sie auftauchende Schwierigkeiten rechtzeitig erkennen, aber auch Chancen, die sich unversehens anbieten. Es kommen manchmal Aufgaben auf uns zu, vor denen wir zuerst zurückschrecken: Man will uns mehr Verantwortung übertragen, uns mit Führungsaufgaben betrauen. Sogleich nein zu sagen, ist dann bequem. Aber in vielen Fällen bereuen wir später unseren Kleinmut. Verschließen Sie sich nicht, sondern öffnen Sie sich der Zukunft und ihren Herausforderungen.

Neinsager wollen keine Pflichten

Wenn eine Gefahr unausweichlich auf Sie zukommt, stellen Sie sich ihr. Mehr noch: Gehen Sie auf die Gefahr zu. Sie beweisen damit Mut. Wenn ein Mensch Ihnen übel will, suchen Sie ihn auf und sprechen Sie mit ihm. Fürchten

Sie niemanden. Scheu und Furcht paralysieren Sie, machen Sie handlungsunfähig.

Es ist besser, als waghalsig und tollkühn zu gelten denn als Feigling. Überlegen Sie sich, wenn Sie auf eine Turbulenz zugehen, was Ihnen schlimmstenfalls passieren kann, und nehmen Sie es in Kauf. Schon Ihrer Selbstachtung wegen sollten Sie Gefahren in die Augen sehen. Die Furcht vor einer Gefahr kann manchmal die größte Gefahr sein.

Unnötige Furcht vor Gefahr

Spielen Sie nie den Erhabenen, wenn Sie Menschen gegenübertreten. Angeber verträgt man nicht. Man holt sie bei nächster Gelegenheit von ihrem hohen Podest herunter. Man durchschaut, man belächelt sie, und sie wirken unecht und unglaubwürdig. Niemand sollte sich wie eine uneinnehmbare Festung verhalten. Lassen Sie die Türen zu Ihren Mitmenschen offen, gleichgültig wie hoch Ihre soziale Stellung und Ihr beruflicher Rang sind.

Vermeiden Sie diktatorische Allüren. Sie erreichen damit das genaue Gegenteil von dem, was Sie eigentlich wollen, Sie machen nämlich mit diesem Gehabe und Getue keinen Eindruck. Seien Sie nicht arrogant gegen unten und servil gegen oben. Arroganz mochte im alten Preußen als Tugend gelten, in der englischsprechenden Welt ist sie eine stupide Pose. Manch ehrgeiziger Mann hat sich damit unmöglich gemacht. Wir lehnen die diktatorische Haltung ab, in der Wirtschaft, im sozialen Bereich und vor allem in der Politik.

Seien Sie nie hochnäsig gegenüber dem sogenannten Mann auf der Straße, dem bescheidenen Durchschnittsmenschen. Ganz gleichgültig, wie hervorragend Sie sind und welch hohe Stellung Sie bekleiden, zeigen Sie sich niemals stolz, bleiben Sie demütig und immer in Tuchfühlung mit Ihren Mitmenschen.

Der Hochmütige will nicht vorhandene Qualitäten vortäuschen

Wer aus falschem Stolz schnöde auf einfache Leute hinabsieht und sich am liebsten nur mit Menschen höchsten Ranges einlassen möchte, benimmt sich dumm. Er verengt seinen Blickwinkel, begibt sich auf eine Insel, wird wirklichkeitsfremd und macht sich erst noch unbeliebt.

Begegnen Sie allen Mitmenschen mit Respekt. Snobs genießen ganz zu Recht keine Sympathie.

Ich möchte hier vorerst nachdoppeln. Ich bin während meiner beruflichen Laufbahn den eben beschriebenen widerlichen Stolzhähnen begegnet, die Eindruck machen und ihrer Umwelt durch ihre Überheblichkeit Bewunderung einflößen wollten und das genaue Gegenteil erreichten – abgelehnt wurden.

Schmeichler sagen, was Du gern hörst

Nun gibt es aber andere, die mit demselben Ziel, nämlich sich populär und beliebt zu machen und schließlich zu herrschen, sich mit allen anbiedern. Sie nähern sich ihrer Umgebung auf plump-vertrauliche Weise. Sie orientieren sich vorzugsweise nach unten, mimen in Gestik und Sprache den Ungebildeten. Sie sprechen im Slang der Vorstadt, verwenden die gerade populären Schimpfwörter, wobei ihnen keines zu widerlich ist. Sie führen nach dem Prinzip «frère et cochon». Sie wagen niemandem zu widersprechen. Sie scheuen sich zu korrigieren, Leistungen zu fordern. Grund: Sie sind unsicher, leiden unter Lebensangst und heuern deshalb Mitarbeiter an, die ihnen unterlegen sind, ihnen schmeicheln, ihnen nie zu Konkurrenten werden können.

Man müßte diese Menschen daran erinnern, daß nicht sie allein Ängste verspüren, sondern wir alle. Es gilt, diese Ängste anzunehmen und zum Unbehagen zu stehen und sich selbst deshalb nicht zu verachten. Wir sollen unsere negativen, bedrückenden Gefühle nicht ins Unbewußte abschieben, sondern sie ganz im Gegenteil wahrnehmen. Ängste sind naturgegeben. Sie machen uns vorsichtig. Wir können sie aber auch als Antriebskräfte nützen. Sie können uns beflügeln, zu Leistungen anspornen, Fähigkeiten freisetzen, erfinderisch machen. Wir sollen darum den Ängsten entgegen und damit nach vorne schreiten.

Wenn Sie einem Menschen näherkommen, vielleicht sogar seine Freundschaft gewinnen möchten, sollten Sie ihm zuerst etwas geben: ihre Aufmerksamkeit. Hören Sie ihm zu, stellen Sie Fragen. Interessieren Sie sich aufrichtig für seine beruflichen und menschlichen Probleme. Nehmen Sie ihn ernst und anerkennen Sie gute Leistungen. Jeder von uns sieht sich in irgendeiner Weise einmalig – und er ist es ja auch. Finden Sie die besonderen Qualitäten Ihres Gegenübers heraus. Das heißt keinesfalls, daß Sie dabei unterwürfig sein sollen. Lassen Sie ihn einfach Ihre Nähe fühlen.

Das führt uns zum Thema «Konversation». Wir können mitleidig oder überheblich lächeln, wenn wir uns eine der üblichen Cocktail-Parties vorstellen: Dutzende von Menschen mit dem Glas in der Hand reden über Belangloses. Aber das ist eine einseitige Sicht. Schon oft haben solche Zufälle und unverbindlichen Gespräche das Schicksal von Menschen verändert. Nehmen Sie sich doch vor, jeweils auf die Anwesenden einzugehen. Bleiben Sie nicht beim oberflächlichen, unverbindlichen Geschwätz. Versuchen Sie anderseits nicht, sich geistreich aufzuspielen, sondern seien Sie natürlich und offen für die Begegnungen. Zeigen Sie menschliche Wärme und echte Teilnahme. Versuchen Sie nicht, das Gespräch zu beherrschen, sondern seien Sie ein aufmerksamer Zuhörer. Wir können von jedem Menschen lernen, wenn wir es nur richtig anstellen.

Nur wer zuhört, hat auch die Chance, angehört zu werden

Gewöhnlich teilen wir unsere Mitmenschen ein in sympathische und unsympathische. Antipathie ist vielfach nichts anderes als Voreingenommenheit. Wir lehnen gewisse Eigenschaften eines Menschen spontan ab und damit ihn selbst. Uns stört etwas an ihm. Er paßt nicht in unser Weltbild. Wir ärgern uns über ihn, statt auch seine guten Eigenschaften herauszufinden und in die voreilige Bilanz einzubeziehen.

Mit gewissen Menschen *müssen* wir ja zurechtkommen, beispielsweise am Arbeitsplatz. Wir sollten also gerechter sein in unserem Urteil und sorgfältiger. Im günstigen Fall kann sich sogar aus der ursprünglichen spontanen

Antipathie eine Sympathie entwickeln. Jedenfalls kann eine wachsende Zahl von Sympathisanten uns in unserem Umkreis nur freuen und helfen. Wie schön, wenn sich aus einem Gegeneinander ein Füreinander entwickelt, wenn Entfernte sich näher kommen.

Bildung und Wissen

Ich fasse hier verschiedenes zusammen, was Herbert Casson im Buch «Directions for Business Success» zum Thema Wissen und Lernen sagt. Aus zwei Gründen erlaube ich mir zudem, Cassons Gedanken andere anzufügen, ja den seinen voranzustellen. Einmal, weil gerade dieses Kapitel heute hochaktuell geworden ist. Zum zweiten aber, weil ich in jüngster Zeit dramatische Beispiele erlebt habe, mit denen ich belegen könnte, wie viele in ihrem Beruf scheitern an einer besonders interessanten Aufgabe, einfach weil ihr Wissen und ihr intellektuelles Niveau nicht mehr ausreichen. Diese Fälle beruflichen Desasters haben mich beeindruckt. Sie sind für den Betroffenen eine Tragödie.

Berufliches Wissen gewinnt in dieser Zeit der revolutionären Veränderungen mehr und mehr an Bedeutung. Wir leben in der Ära der Informatik, der Elektronik, der superindustriellen Gesellschaft. Wir werden konfrontiert mit sozialen Problemen, mit der Notwendigkeit des Umweltschutzes. Manager haben kreative Umstrukturierungsprozesse einzuleiten und zu überwachen. Alte Verhaltensmuster weichen einem gänzlich neuen Lebensstil, einem anders gearteten «Way of Life». Soviel aus meiner Sicht zum Thema Bildung.

Neue Bildungsziele

Daher unterstreiche ich Cassons Rat: Investieren Sie genügend Zeit in Ihre Fortbildung. Sie gewinnen dadurch an Eigenwert und erweitern um ein Vielfaches Ihre beruflichen Chancen. Das medizinische Studium ist bekanntlich das längste und härteste. Wehe aber, wenn der Arzt, der es einmal glücklich beendet hat, sich auf seinen Lorbeeren ausruht: Sein altes Wissen entwertet sich jährlich um zwanzig Prozent.

Und noch etwas: In diesem Buch wird die Ansicht vertreten, der *gesunde Menschenverstand* sei oftmals ausschlaggebend, beispielsweise dann, wenn es gilt, aus dem Handgelenk Entscheidungen zu treffen. Stimmt. Nur ist dieser gesunde Menschenverstand niemals unser endgültiger Besitz. Er ergibt und entwickelt sich aus unserer Erfahrung, unserem laufend sich mehrenden Wissen und unserem wachen Sinn für Wert und Unwert. All diese erworbenen und ständig weiterentwickelten Eigenschaften ermöglichen ein ausgewogenes Urteil. Aus ihnen bildet sich das Gespür, das wir brauchen, um richtig und rasch zu entscheiden.

Nun aber weiter nach Cassons Buch:

Ihre entscheidende Ausbildung hat eigentlich erst nach dem Verlassen der Schule oder der Universität begonnen. Die meisten gescheiten Männer, denen ich begegnet bin, waren Autodidakten, sie haben sich ihr Wissen durch ständigen Selbstunterricht angeeignet. Die Schule liefert Ihnen die unentbehrliche Grundlage. Das Schulwissen ist nötig, aber es genügt bei weitem nicht. Schon deshalb, weil Ihre Lehrer und Professoren Sie ja nicht für Ihre eigene Lebenspraxis vorbereiten konnten; sie haben die Aufgaben, vor denen Sie jetzt stehen, nie selbst gelöst.

Mühsam aber nötig: Selbstunterricht

Lernen Sie von den Theoretikern *und* den Praktikern. Lernen Sie von den fähigsten Menschen Ihrer Generation. Etwas überspitzt kann man sagen, daß es überhaupt keine Lehrer gibt, weil wir alle bis ans Lebensende Schüler bleiben.

Es gibt Menschen, die bleiben an ihrem Arbeitsplatz lebenslang Amateure, oder sie werden zu Robotern. Amateure arbeiten halbherzig, Roboter verrichten ihre Arbeit automatisch, stur, kopflos, ohne dabei zu denken.

Sie müssen versuchen, professionelle Arbeit zu leisten. Auch für kleine und kleinste Aufgaben gibt es optimale und immer wieder neue Lösungen. Bemühen Sie sich, Ihren Job noch besser auszufüllen als Ihr Vorgänger. Das ist das Geheimnis des kompetenten Fachmanns, des gesuchten und geschätzten Spezialisten.

Angenommen, Sie stehen vor einem wichtigen Entscheid. Sie versuchen, sich eine Meinung zu bilden. Sie befragen zuerst Ihre eigene Erfahrung und gehen dann noch einen Schritt weiter: Sie diskutieren das Problem mit Ihren Mitarbeitern, mit Ihren Freunden. Richtig! Doch merken Sie sich eins: Probieren Sie nicht, aus einem halben Dutzend unterschiedlicher Ansichten einen Kompromiß zusammenzubasteln. Sie tragen die Verantwortung, Sie urteilen.

Lesen – Nahrung für den Geist

Sagen Sie niemals, «mir fehlt die Zeit, um Bücher zu lesen». Sie könnten nämlich ebensogut sagen, «mir fehlt die Zeit zu essen». Ihr Körper *und* Ihr Geist, beide brauchen Nahrung.

Natürlich lesen Sie Zeitungen und Zeitschriften, vor allem Fachzeitschriften – aber das genügt nicht, wenn Sie beruflich auf der Höhe bleiben wollen. Viele Fachbücher bieten Ihnen die Quintessenz des manchmal lebenslang gesammelten Wissens und der Erfahrung des Autors. Dabei kostet ein Buch nicht mehr als ein Platz im Opernhaus. Monatlich mindestens ein Buch zu lesen, ist eine gute Gewohnheit. Sie brauchen immer wieder neues Rohmaterial zur Aktualisierung und Verbreiterung Ihres Wissens.

Ich habe hier bei der Übertragung von Cassons Text etwas gemogelt: Er meint nämlich, wir sollten wöchentlich ein Buch lesen. Obschon ich ein großer Bücherfreund und Leser bin und zuhause ungezählte Bände meterlange Wände decken, greift Casson sehr hoch. Fachbücher sind anspruchsvoll und wollen ernsthaft durchgearbeitet werden. Man soll sie nicht einfach überfliegen.

Vielmehr sollen wir uns mit dem Autor auseinandersetzen, das, was er sagt, mit unseren eigenen Ansichten vergleichen. Ich selbst lese mit dem Kugelschreiber oder dem Stift in der Hand. Ich versuche, durch Hervorhebungen und Randbemerkungen das, was mir wichtig scheint, besser im Kopf zu behalten. Meistens benütze ich auch die letzten weißen Seiten des Buches für Hinweise, um später mir wichtig erscheinende Aussagen schnell wiederzufinden.

Man kann in Kursen lernen, schnell zu lesen. Diese Schnell-Lesetechnik ist dann sinnvoll, wenn es darum geht, sich rasch über den Inhalt eines Dokuments oder eines Fachbuchs zu orientieren. Was ich mir aber wirklich einverleiben möchte, lese ich langsam. Im übrigen scheue ich mich nicht, ein Buch, das mir nichts Lehrreiches zu bieten vermag, nach einer halben Stunde endgültig beiseite zu legen und die Investition ohne Reue zu vergessen. Gute Bücher vermitteln wertvolle Gespräche mit ihren Verfassern, Gespräche, die zu jeder Tages- und Nachtzeit stattfinden können. Bücher sind Gefäße des Wissens, der Erfahrung, des Geistes.

Ich habe jetzt immer von Fachbüchern gesprochen. Damit will ich aber nichts sagen gegen die schöne Literatur. Ein Roman, ja, ein Gedicht können unsterbliche Weisheiten schenken, auf spannende, auf unterhaltende Weise uns Einsichten vermitteln, uns anschaulich belehren. Und schließlich ist die pure Unterhaltung durch einen Roman auch für den tätigen Manager bekömmlich und heilsam. Auch der Macher braucht seine schöpferischen Pausen.

Was bleibet aber,
stiften die Dichter
Hölderlin

Lesen Sie Biographien. Lebensgeschichten sind inspirierend und instruktiv. Sie zeigen uns, wie berühmte Menschen ihre Ziele erreicht haben. Es gibt kaum etwas spannenderes, als die Lebensgeschichte eines großen Menschen zu lesen. Wer ein ehrliches Bild seines Lebens vermittelt, spricht auch von seinen Schwierigkeiten und seinen Mißerfolgen. Es ist ermutigend zu erfahren, daß auch unsere größten und meistbewunderten Mitmenschen oftmals stolperten und viele Kämpfe zu bestehen hatten.

Jetzt aber muß ich Herbert Casson widersprechen: In der Fortsetzung warnt er uns nämlich vor Büchern, die geisteswissenschaftliche, zum Beispiel philosophische oder psychologische Themen behandeln. Wir sollten diese Autoren für sich selbst und ihresgleichen schreiben lassen, meint er und schließt dabei gleich noch die Wirtschaftswissenschaft ein. Solche Bücher könnten uns bloß verwirren, warnt er.

Je höher jemand in der beruflichen Hierarchie steht und Führungsaufgaben zu lösen hat, desto mehr zählt seine Allgemeinbildung, desto wichtiger sind beispielsweise psychologische Kenntnisse. Psychologie ist die Wissenschaft von den bewußten und unbewußten seelischen Vorgängen, vom Erleben und Verhalten des Menschen. Psychologie hilft uns bei der Selbstentfaltung, beim Umgang mit unseren Mitmenschen. Sie macht uns zu erfolgreichen, verständnisvollen Vorgesetzten und Geschäftspartnern, Vätern und Müttern, Ehepartnern und Freunden.

Herbert Casson lehnt, wie gesagt, auch philosophische Bücher ab. Offenbar bemerkt er gar nicht, daß er in seinen Büchern selbst philosophiert.

Philosophie ist Wahrheitssuche

Wer philosophiert, übt sich in der Kunst, vernünftig zu leben, er sucht nach der Wahrheit. Er will die Welt begreifen, er strebt nach Selbsterkenntnis, und er macht sich zum Ziel, das ihm Begegnende vorurteilslos und kritisch einzuschätzen.

Er kann dabei zeitlich weit zurückgehen und kommt dann beispielsweise auf die für sein Handeln doch nützliche Einsicht des Heraklit, der noch vor Sokrates daran erinnerte, daß alles stets sich bewegt und niemand zweimal in denselben Fluß steigen kann. Er sprach sein berühmtes Wort «panta rhei», alles fließt. Das ist ein wertvolles Motto für alle, die in ihrem Leben nicht erstarren und stillstehen, sondern weiterkommen wollen. Ich wage sogar zu sagen, daß dieses Wort in der heutigen Zeit des rapiden Wandels aktueller ist als vor 2500 Jahren.

Es gibt zwei magische Worte, die Ihnen helfen, Probleme zu lösen: *warum* und *wie*. Warum funktioniert etwas so gut oder so schlecht? Warum ist ein Mensch erfolgreich, ein anderer erfolglos? Und wie erreicht er seinen Erfolg? Während Ihres ganzen Lebens sollten Sie nach dem Warum und dem Wie fragen und so versuchen, den Dingen auf den Grund zu kommen. Sie müssen die Probleme analysieren. Sie müssen Ursachen und Wirkungen kennenlernen.

Der Neugier verdanken wir die größten Erfindungen

Nehmen Sie sich Sokrates zum Vorbild. Verwenden Sie seine Methode: Er wurde 470 v. Chr. geboren und als erwachsener Mann bekannt und berühmt – und vielen unheimlich, weil er in den Straßen Athens herumstand, jungen Leuten unbequeme Fragen stellte und mit ihnen diskutierte. Er gilt heute noch als weisester Mann seiner Zeit. Er war ein unruhiger Geist und den Regierenden schließlich so verhaßt, daß sie ihn zum Tode verurteilten. Wer unbequeme Fragen stellt, macht sich bei manchen verdächtig. Machen Sie es dennoch wie Sokrates: Halten Sie sich selbst und Ihre Umgebung an, zu denken und den Dingen auf den Grund zu gehen.

Gelegentlich denken Sie auf Ihren Spaziergängen an Ihre Probleme und geraten dabei so in Spannung, werden derart absorbiert, daß Sie für die Schönheit der Natur blind werden. Sie könnten ebensogut in einer geschlossenen Reitbahn im Kreis herumlaufen. Die Spannung löst sich, sobald Sie die Ideen zu Papier gebracht haben. Tragen Sie also immer Notizbuch und Bleistift mit sich. Es ist zu schade, wenn gute Einfälle verloren gehen – oder Sie Ihren Spaziergang nicht genießen.

Wenn Sie älter werden, sollten Sie Ihren Lerneifer nicht drosseln. Niemals sollten Sie sich sagen: «Ich weiß jetzt genug. Ich will mich zur Ruhe setzen und abschalten». Sie werden dauernd mit neuen Fakten und neuen Ideen konfrontiert. Nehmen Sie sie auf wie ein trockener Schwamm. Das hält Sie am Leben.

Versuchen Sie, «in» zu bleiben, die sich verändernde Welt immer noch zu verstehen. Halten Sie Ihre geistigen

Fenster nach allen Seiten offen. Freuen Sie sich, daß Sie im Alter mehr Zeit haben, nachzudenken, daß Sie, frei von früheren Pflichten, nicht mehr in einem genormten Prokrustesbett liegen, dem Sie sich zwanghaft anpassen müssen. Sie sind frei, das Leben zu leben.

Nicht nur Brennholz gewinnt durchs Alter, sondern auch Wissen und Erfahrung
Francis Bacon

Lösen Sie sich von der falschen Vorstellung, daß alte Menschen ihr Denkvermögen verlieren und geistig zusehends weniger agil werden. Nützen Sie weiterhin Ihre geistigen und körperlichen Kräfte. Nur wenn Sie sie brauchen, verhüten Sie das Einrosten.

Wenn Sie einmal siebzig sind, schauen Sie vorwärts und nicht zurück. Mit siebzig können Sie so vielerlei tun, zu dem Sie früher nicht fähig waren. Sie haben einen großen Erfahrungsschatz geäufnet und diesen sollten Sie nützen. Ziehen Sie sich niemals resigniert zur Untätigkeit zurück. Planen Sie immer weiter. Die letzten Jahre Ihres Lebens können Ihre wertvollsten sein. Das Leben ist so kurz, daß Sie jedes Jahr, jeden Tag nützen sollten. Wenn Sie aktiv bleiben, leben Sie länger. Werden Sie kein «drop out». Bleiben Sie dabei. Sorgen Sie für ein großes Finale.

Ihre Denkfähigkeit

Der Geist ist das, was den Menschen vom Tier unterscheidet. Das selbständige Denken, die Selbsterkenntnis, das Gewissen und das ethische Verhalten zeichnen den Menschen aus.

Denken ist Schwerarbeit. Die Fähigkeit, die Oberfläche denkend zu durchdringen, Wissen in seinen Verstecken aufzuspüren, Wissen, das uns hilft zu wachsen, diese Geistesgabe ist zum Teil angeboren. Aber nur zum Teil. Wir können unsere Denkfähigkeit entwickeln und vervielfachen. Nur denkend erleben wir die Welt in ihrem Zauber.

Ihr Gehirn ist eine wunderbare Einrichtung. Durch ein System von Nervenfasern werden Impulse an das Gehirn geleitet und dort verarbeitet. Es sind Wahrnehmungen, Gefühle, Erinnerungen, sprachliche Äußerungen, ethische Überlegungen, auftauchende Ideen. Wir filtern gemäß unseren Bedürfnissen und Interessen, was an das Gehirn geliefert wird.

Wie schon angedeutet: Die Fähigkeiten unseres Gehirns lassen sich steigern. Es faßt mehr als wir meinen. Wenige Menschen sind sich dessen bewußt und schöpfen ihre Möglichkeiten voll aus. Ich muß dabei immer an das weite Australien denken, wo doch nur ein so kleiner Teil des Landes fruchtbar gemacht und genutzt wird. Der Rest besteht immer noch aus ungenützten Möglichkeiten.

Ohne Ehrgeiz verflacht vieles

Ehrgeiz sei mangelnde Bescheidenheit, sei unsozial und gemeinschaftsfeindlich, hört man. Lassen Sie sich davon nicht beeindrucken. Das Gegenteil von Ehrgeiz ist schlimm, nämlich Gleichgültigkeit, Bequemlichkeit, Apathie.

Fordern Sie sich heraus. Ehrgeiz hält Sie auf Touren. Legen Sie ein Buch nicht beiseite, wenn Sie einige Sätze nicht auf Anhieb verstehen. Gestatten Sie sich nicht gleich einen Urlaub vom Denken. Resignieren Sie nicht. Sprechen Sie mit geschulten und kundigen Menschen, und wenn Sie etwas nicht begreifen, fragen Sie ungeniert. Wenn Ihnen die Lösung eines Problems nicht sofort gelingt, geben Sie nicht auf, versuchen Sie es nochmals und nochmals.

Originalität? Etwas sehen, das noch keinen Namen trägt
Nietzsche

Einmal im Tag sollten Sie versuchen, schöpferisch zu handeln, etwas anders, besser, origineller zu machen, ein wenig verrückt zu sein, also etwas aus der gewohnten, langweiligen Mitte zu ver-rücken. Es kann ein Satz in einem Brief sein oder eine Grußformel am Schluß. Gestalten Sie den Sonntagsspaziergang anders, erfinden Sie eine neue Gutenachtgeschichte für die Kinder, hängen Sie ein Bild an einen günstigeren Platz, bereiten Sie ein altes Gericht anders zu oder probieren Sie ein neues Restaurant aus, überraschen Sie Ihre Frau mit etwas Ausgefallenem. Jedenfalls unterbrechen Sie gelegentlich den immer gleichen Trott, riskieren Sie etwas. Verbringen Sie Ihr Leben nicht in den Ruinen Ihrer Gewohnheiten.

Die tägliche schöpferische Handlung kann auch darin bestehen, einem Mitarbeiter spontan Ihre Hilfe anzubieten, ihn zu lehren, seine Arbeitsweise zu verbessern. Nichts ist so gut, als daß es nicht besser gemacht werden könnte. «A creative act saves the day» – Kreativität macht aus jedem Tag einen besonderen Tag.

Nochmals widmet Herbert Casson einen Abschnitt seines Buches dem Denken. Nochmals fordert er uns auf, von der phänomenalen Einrichtung unseres Gehirns mehr Gebrauch zu machen, neues Wissen dort zu lagern und das vorhandene zu nutzen.

Sehr einverstanden. Nur konnte Casson damals etwas Wichtiges noch nicht sehen, was wir heute mit Schrecken feststellen. Wegen der mangelnden Kenntnis der Zusammenhänge hat sich die Menschheit zu lange mit den verschiedenen Wissenschaften einzeln beschäftigt, mit selbständigen Fachressorts, mit Chemie, Physik, Agrarwirtschaft, Betriebswirtschaft, Botanik und so weiter. Als ob dies unabhängige Domänen wären.

Was Not tut:
in Systemen denken

Sie hat die Vernetzung, die Verknüpfung und Verkettung der Vorgänge in diesen Bereichen nicht wahrgenommen, zu spät wahrgenommen. Sie hat nicht in Systemen gedacht, beispielsweise nicht wahrgenommen, was die maßlose Technisierung, die Zunahme des Verkehrs, des Energieverbrauchs, der Abfallproduktion für ungute Folgen haben können. Sie hat nicht erkannt, daß alles mit allem zusammenhängt. Das Leben auf unserem Planeten ist auf Regelkreisen aufgebaut. Wir wissen heute, was uns droht, wenn wir sie in eng materieller Denkweise in unserer Wachstumseuphorie kurzsichtig verletzen: Die Welt gerät aus den Fugen. Systemdenken ist notwendig.

Es ist falsch, sich vorzustellen, daß einem Menschen, der im Geschäft und sonst Glück hat, einfach die gebratenen Tauben ins Maul fliegen. Nur dem innerlich Vorbereiteten fällt etwas zu, nur er profitiert vom Zufall. Es gibt immer und überall Chancen, nur nehmen sie die wenigsten Menschen wahr. Die meisten Leute sind umringt von günstigen Gelegenheiten, die sie aber nicht nützen. Also: Augen auf! Jedem Menschen bieten sich genau soviele Möglichkeiten, wie er eben letztlich verdient.

Vom Zufall profitiert nur der innerlich Vorbereitete

«So wie ein Mensch denkt, wird er.» Im Antlitz und in der Gestalt und im Gebaren eines Menschen zeichnet sich sein Geist ab. Darum versuchen Sie, positiv zu denken. Ihr Gesicht und Ihr Gemüt werden sich aufhellen.

Es gibt Qualen und Kummer, über die wir nicht leicht hinwegkommen. Es bleibt uns nur übrig, ihnen mit der Tugend der Geduld zu begegnen und sie auszuhalten. Aber diese Fälle sind rar. Meistens sind Sorgen Anlaß zu Aktivität. Sie veranlassen uns, Probleme, die wir vor uns herschieben, endlich zu lösen. Sie rufen uns zum Handeln auf, mobilisieren neue Kräfte und können sich so positiv auswirken in der Bilanz unseres Lebens. Sorgen bewahren uns vor Stillstand und innerer Verarmung.

Falls Ihre berufliche Arbeit Ihnen wenig Chancen läßt, Ihre Phantasie einzusetzen, sollten Sie ein Hobby haben, bei dem Sie Ihre schöpferischen Qualitäten entwickeln können.

Jeder sollte sein Pferd reiten: ein Steckenpferd

Der Mensch, welcher in der puren Routine stecken bleibt, verarmt innerlich. Suchen Sie sich eine Freizeitbeschäftigung aus, die Ihnen liegt. Musizieren Sie, das ist die differenzierteste Art, seine Gefühle auszudrücken, sich zu entspannen, zu sich zu finden. Wenn Sie eine gewisse Fertigkeit erreicht haben, so improvisieren Sie an Ihrem Instrument.

Homo faber und Homo ludens – sind Sie beides? Ein schaffender und ein spielender Mensch?

Vielleicht aber ist Schachspielen das richtige für Sie. Es fordert wie kaum ein anderes Spiel den Geist. Sie können auch am Kochherd neue Ideen ausprobieren. Oder im Bastelraum. Es ist so erfreulich, wenn unter Ihren geschickten Händen Dinge entstehen, die schön sind und erst noch einen nützlichen Zweck erfüllen.

Beim Fotographieren schulen Sie das Auge. Sie sehen und erleben Ihre Umwelt genauer, Sie verfeinern Ihre Beobachtungsgabe. Vielleicht wäre Zeichnen oder Malen etwas für Sie. Mit Pinsel und Farbe können Sie Dinge und Stimmungen auf Ihre eigene Weise festhalten und wiedergeben und dabei sich selber besser kennenlernen: Bin ich schüchtern, unfrei, zaghaft oder kann ich meine Phantasie mit mutigem Pinselstrich frei ausleben? Zu den vielen Möglichkeiten der inneren Befreiung zählt ja heute die Maltherapie: Ein Bild spiegelt unseren innern Zustand. Diesen zu kennen, ist die erste Voraussetzung zu unserer Befreiung und Reifung.

Sie können Ihr Gehirn anregen, indem Sie Rätsel und Denkaufgaben lösen, Puzzles zusammensetzen und arithmetische Probleme lösen. Wenn Sie eine gewisse Übung haben, können Sie das ganz sportlich mit der Stoppuhr in der Hand tun.

Halten Sie jedenfalls nicht nur Ihren Körper fit, fordern und trainieren Sie auch Ihren Geist. Die begabtesten und gefeiertesten Musiker der Welt üben täglich allermindestens vier Stunden; die berühmten Orchester proben ein Konzert bis zu zwanzig Mal. Der Mönch unterzieht sich diszipliniert den täglichen geistigen Übungen.

Edisons Zauberformel

Wenn Sie etwas besser machen wollen, so sprechen Sie Edisons Zauberwort aus. Sagen Sie «*Angenommen, daß*». Zum Beispiel:

Angenommen, daß ich diese Maschine schneller laufen lasse, damit sie mehr produziert, was kann dann passieren, was bringt das für Gefahren? Was muß ich ändern? Warum ist sie überhaupt auf diese langsame Gangart eingestellt? Wenn Sie so vorgehen, werden Sie die Maschine schrittweise schneller machen, sie neu erfinden.

Diese Arbeitsweise brachte Edison mehr als elfhundert Patente ein. Er stellte sich immer die vollkommenere Ordnung vor, an die zu denken noch niemandem eingefallen war, und er perfektionierte die Dinge. Sagen Sie zu sich: Angenommen, ich ändere dies und das, was wird passieren? Sie bringen damit Ihre Kreativität auf Hochtouren.

Zwei Schreibtische: schöpferische Taten hier, Routinearbeit dort

Gut ist es, zwei Schreibtische zu haben, einen im Büro, den andern zuhause. Reservieren Sie den zweiten Schreibtisch für Ihre schöpferische Arbeit, für das Planen, für die Dinge, die Sie länger überlegen müssen. Auf dem anderen Pult im Büro lassen Sie Ihre Akten liegen, die Sie für die tägliche Routinearbeit benötigen. Bei mir jedenfalls bewährt sich diese «Arbeitsteilung».

Kreativität ist Methode

Packen Sie schöpferische Arbeiten methodisch an. Zuerst sammeln Sie alle Tatsachen und umkreisen sie in Gedanken. Dann lassen Sie Ihr Unbewußtes sich damit beschäftigen. Nicht zu Unrecht heißt es, «den Seinen gibt's der Herr im Schlaf». Man nennt das im kreativen Prozeß die Inkubationszeit.

Wenn Sie das Gefühl haben, die Reifung sei genügend weit fortgeschritten, nehmen Sie die Aufgabe wieder vor, gehen Sie das Problem bewußt an, und die Chance ist groß, daß Ihnen dann ein Licht aufgeht.

In einer letzten Phase müssen Sie dann das Ergebnis noch verifizieren, es kritisch von allen Seiten betrachten, um sich schlüssig zu werden, ob es auch wirklich taugt. Wenn nicht, seien Sie ein Stehaufmann, versuchen Sie's von neuem.

Wenn Sie ein besonders komplexes Problem zu lösen haben, so tun Sie das am besten nach meiner Methode des «sichtbaren Denkens». Notieren Sie laufend jede Idee, die Ihnen auftaucht, auch die ausgefallenste, auf eine Karte! Gehen Sie noch weiter: Versuchen Sie, das Gedachte zu zeichnen, bildlich darzustellen, wenn auch nur schematisch. Dadurch entlasten Sie erstens Ihr Gedächtnis, und zweitens stehen dann Ihre Ideen klarer vor Ihnen. Wort und Bild ergänzen sich.

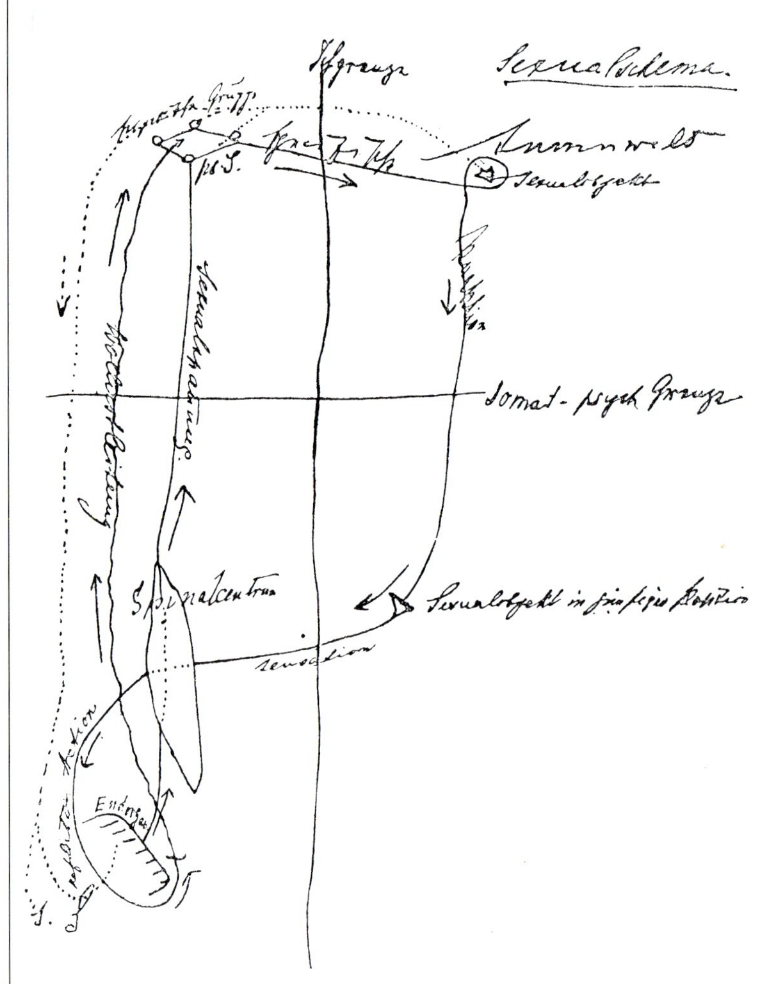

Wie Freud die Methode des «Sichtbaren Denkens» praktizierte

Leuten, die viel schreiben, die Reden aufsetzen, Konzepte erarbeiten und Exposés verfassen müssen, wird heute die *Cluster-Methode* empfohlen. Man arbeitet dabei nicht mit Karten, wie das Casson empfiehlt, sondern hat einen Notizblock im Format A4 vor sich und notiert das Thema als Stichwort in der Mitte und darum herum alle Einfälle, geradeso, wie sie einem kommen. Jeden umrahmt man mit einem Oval. Später zieht man Verbindungsstriche von einem Gedanken zum andern, vernetzt sie und zuletzt numeriert man die Stichworte folgerichtig.

Wie beim Kartensystem bemüht man sich also nicht gleich von Anfang an um eine logische Ideenfolge, sondern produziert Ideen kunterbunt mit minimaler Anstrengung.

Man nennt das *laterales Denken,* im Gegensatz zum vertikalen Denken. Lateral, auf breiter Ebene denkt also, wer sich nicht gleich von Anfang an zwingt, seine Einfälle logisch zu ordnen und aneinanderzureihen. Diese Arbeitsweise kostet weniger Mühe, sie verläuft spielerisch und ohne daß man sich gleich zwingt, Wert oder Unwert eines Gedankens herauszudividieren. Man arbeitet nach dem Prinzip: besser zu viele Ideen, auch wenn nicht alle achtzehnkarätig sind, als zuwenige.

Diese Arbeitsweise nützt die Eigenart unserer *rechten Gehirnhälfte.* Sie ist hochentwickelt für das spontane gefühls- und gemütsmäßige Erfassen komplexer Muster und Strukturen, während die *linke Hirnhälfte* logisch-analytisch denkt.

Kunst der Konzentration

In unserer hektischen Welt fällt es schwer, immer bei der Sache zu sein, sich auf etwas zu konzentrieren. Wir werden zum flüchtigen Tun verleitet, verzetteln unsere Aufmerksamkeit und erledigen vieles halb, was später Ärger bringt.

Wir müssen uns angewöhnen, nur eine Sache aufs Mal zu tun: zu schlafen, wenn wir schlafen, zu essen, wenn wir essen, uns ganz auf das Gespräch zu konzentrieren, das wir führen, uns ganz dem einen zu widmen, an dem wir eben sind. So schonen wir unsere Nervenkraft, sind nicht dauernd unter Streß, und vor allem erbringen wir bessere Leistungen. Wir widmen uns gelassen und ohne Hast dem, was wir vorhaben und eliminieren anderes aus unserer Gedankenwelt. Wir üben eine Art geistiger Askese.

Im Nichttun wird Großes getan

Herbert Casson tippt da ein sehr wichtiges Thema an: die innere Unruhe des westlichen Menschen. Die Buddhisten stellen dem übereifrigen, nervösen Tun *das Nichttun* (nicht etwa das Nichtstun) gegenüber, die innere Gelassenheit, die Fähigkeit, in innerer Ruhe sich gerade dem zu widmen, was im Augenblick entscheidend ist. Wenn wir ständig meinen, für eine Sache keine Zeit zu haben, sie schnell erledigen zu müssen, so ist das im Grunde genommen eine Art Lebensangst. Still werden schenkt Kraft, hält frisch.

Nicht etwa, daß Sie sich nun geistig auf eine Insel begeben und sich dort isolieren sollten, wie Robinson. Sonst sind Sie bald im «out». Eine Robinsonade zwischendurch kann gut tun, aber immer nur sich selber zur Gesellschaft zu haben ist schädlich. Die Welt befindet sich in ständigem Wandel, bleiben Sie am Ball, sonst laufen Sie Gefahr, in wichtigen Dingen falsch zu entscheiden. Halten Sie sich dabei innerlich frei.

Die Vergangenheit hat Sie geprägt, Sie vieles gelehrt und Ihnen auch Kummer bereitet. Die Zukunft erwartet Sie mit Schönem und weniger Schönem. Manches bleibt ungewiß. Das Gestern ist eine Erinnerung, das Morgen eine Erwartung. Mein Rat: Leben Sie heute, erleben Sie das Jetzt, seien Sie voll da. «Immer ist die wichtigste Stunde die gegenwärtige», predigte Meister Eckart, der berühmte Mystiker (1260–1327).

Das heißt nicht, daß Sie von nun an die Augen vor der Zukunft schließen sollten. Sie müssen, wie von einem ruhigen Berg herab, achtgeben auf das, was sich tut. Miteins passiert etwas, das für Sie persönlich von Bedeutung ist und das alte Ideen und Methoden und Anschauungen unbrauchbar macht. Aber lassen Sie sich nicht fallen in den Strudel des Stroms. Das ist Tun im Nichttun.

Dazu fällt mir ein unvergeßliches Erlebnis ein: Einen jüdischen Emigranten, der sich in den dreißiger Jahren von Berlin rechtzeitig abgesetzt hatte, begleitete ich in Zürich zum Bahnhof. Es war ihm gelungen, sich ein Übersee-

Visum zu beschaffen und der Vernichtung zu entrinnen. Er hatte schon im Wagen Platz genommen, stand dann nochmals auf, öffnete das Fenster und sprach zu mir: «Lieber Wirz, ich gebe Ihnen einen letzten Rat. Machen Sie es wie ich: Beobachten Sie die Szene, stellen Sie sich alles vor, was passieren könnte, auch das Schlimmste und überlegen Sie sich dann: Was tue ich falls... Damit sind Sie vorbereitet und können Unheil verhüten.»

Und nun noch ein Wort zu Herbert Cassons weiter oben gegebenen Ratschlägen: Die empfohlenen Verhaltensweisen mögen Ihnen unvereinbar und widersprüchlich erscheinen. Einmal sollen Sie beobachtender Zuschauer sein, dann wieder auf die Bühne treten und handeln, einmal kontemplativ verweilen, dann wieder aktiv eingreifen. Damit hat Herbert Casson schon recht; so ist das Leben. Es ist kein «entweder oder» vielmehr ein «sowohl als auch». Wir müssen uns so verhalten, wie es die Umstände fordern, wie es opportun ist. Der Opportunismus verdient nicht nur und nicht immer ein negatives Vorzeichen.

Was ist wann opportun?

Ihre geistige Ausrüstung

Jeder Handwerker braucht zur Ausübung seines Berufes das nötige Werkzeug und dazu das erforderliche Wissen. Unser Gehirn ist eine Art Werkstatt, und damit wir dort Ideen produzieren, Konzepte erarbeiten, Pläne schmieden können, darf die Werkstatt nicht leer sein. (In der modernen Computersprache würde das heißen: Der Output ist geradeso gut wie der Input).

Nützen Sie Ihre Phantasie. Wenn sie richtig eingesetzt wird, ist die Phantasie die größte Schöpfergabe, die Ihnen hilft, für alte Probleme neue Lösungen zu finden. In Ihrer Phantasie können Sie Gedächtnisinhalte zu neuen Vorstellungen verknüpfen, sich ein Projekt bis ins Detail ausmalen, Dinge sehen, die noch nicht existieren. Der Architekt hat eine Vision des fertigen Hauses, an dem er arbeitet, der Erfinder sieht mit seinem geistigen Auge die neue effizientere Maschine, der Schriftsteller trägt in seiner Vorstellung den fertigen Roman mit sich, bevor er die Feder ansetzt.

Die meisten Menschen sind phantasiebegabt, nur wissen sie es nicht, sie machen keinen Gebrauch von ihrer Schöpfergabe, dem andere bewundernswerte Karrieren, einmalige wissenschaftliche oder wirtschaftliche Leistungen, innern und äußern Reichtum verdanken. Phantasie ist die Fähigkeit, in Zukunftsbildern zu denken.

Phantasie, das Auge der Seele

Was ist der Unterschied zwischen faktischem Wissen und Phantasie? Phantasie ist das Science Fiction-Kino, in dem Ihnen gezeigt wird, was einmal sein könnte. Das Gedächtnis, in dem Sie Fakten vorrätig halten, ist ein anderes Kino, in dem Sie sehen können, was ist und einmal war. Im ersten Kino wird Ihre schöpferische Seite angeregt, im zweiten werden Sie an die Wirklichkeit erinnert, an die Realität, die sich aus der Vergangenheit ergeben hat. Sie müssen sich beide Filme anschauen, um aus dem, was war, das Zukünftige zu entwickeln. Zum Erfolg braucht es einen illusionslosen Realisten und einen phantasiebegabten Vorwärtsträumer.

Reden und Schreiben

Lernen Sie, klar und überzeugend zu reden. Es ist ja leider oft so, daß der geistig unterlegene, aber rhetorisch geschulte Redner das Publikum gewinnt mit Argumenten, die schlechter sind als die seines Koreferenten. Die Macht liegt bei denen, die ein gutes Mundwerk haben. Noch so stichhaltige Beweggründe im Kopf nützen wenig, wenn sie schlecht formuliert und vorgetragen werden. Für Führungskräfte ist die gekonnte Rede unentbehrlich.

Casson war bekanntlich ein brillanter, ein gewinnender, ein triumphaler Redner. Er versucht, auch seinen Freunden die Redekunst beizubringen, weil er an die

Macht des Wortes glaubt. Übrigens nicht er allein. Mir fällt ein Zeuge deutscher Zunge ein, der Cassons Meinung quittiert und sagt: «Die Grenzen meiner Sprache bedeuten die Grenzen meiner Welt» und weiter, wieder ganz im Sinn Cassons: «Alles was sich aussprechen läßt, läßt sich klar aussprechen.» Ich zitiere den österreichisch-englischen Philosophen Ludwig Wittgenstein, den unser Autor zwar nicht kannte, den ich aber dennoch bemühen und zur Abwechslung hier einschmuggeln darf.

Redner brauchen Kopf, nicht nur Kehlkopf

Natürlich gelten diese Statements auch für das *Schreiben.* «Die Sprachkunst ist eine der höchsten Künste», verkündete der welterfahrene amerikanische Literat John Sheffield.

Das will nicht etwa heißen, daß Sie sich kunstvoll ausdrücken sollen – außer Sie schreiben ein Gedicht oder einen Roman. Nein, Sie müssen sich präzis, logisch, unmißverständlich mitteilen. Wählen Sie Ihre Worte mit dem nötigen Sprachverstand, überlegen Sie sich ihre ursprüngliche und eigentliche Bedeutung. Schreiben Sie also in einem Anstellungsbrief nicht «unsere Arbeitszeit *lautet*». Lauten tut, was laut verkündet wurde oder wird, beispielsweise ein Gesetzesparagraph, den der Richter beim Urteilsspruch zitiert. Vermeiden Sie das abgestandene Papierdeutsch, den verschnörkelten Kaufmanns-Jargon, überhaupt abgeschliffene Schreibweisen.

Bei längeren und wichtigen Briefen notieren Sie sich zuerst stichwortartig den Inhalt. Dann bringen Sie die einzelnen Punkte in die richtige Reihenfolge. Wenn Sie dann den Text niederschreiben oder diktieren, vermeiden Sie jedes überflüssige Wort. Vermeiden Sie auch vage Ausdrücke.

Geben Sie sich nicht gleich zufrieden, sondern korrigieren Sie die erste Version, falls Sie darin holperige Stellen finden. Arbeiten Sie richtig an Ihren Texten, auch wenn Sie das etwas Zeit kostet, denn schließlich ist jeder Brief, der Ihr Haus verläßt, ein Werbebrief. Ihre Ausdrucksweise verrät Ihren Charakter. Der Stil kennzeichnet den Menschen. Die Sprache ist das Kleid der Gedanken.

Im folgenden Abschnitt beschwört Herbert Casson seine Leser, ihren aktiven Sprachschatz zu mehren. Der Durchschnittsengländer, sagt er, kenne nur acht Prozent der Wörter seiner Muttersprache und darunter leide die Eindeutigkeit und Genauigkeit seiner Ausdrucksweise.

Und schließlich empfiehlt Herbert Casson den Mitbürgern, sich mit *Fremdsprachen* nicht abzumühen. Englisch sei zur Weltsprache geworden. Das ist heute noch richtiger als zu Cassons Zeiten. Doch diese bequeme und selbstherrliche Einstellung gilt natürlich nicht für uns kontinentale Menschen. Wir sollten Fremdsprachen verstehen, sprechen und möglichst auch schreiben. Ganz zu Recht heißt es ja, man begreife einen Fremden und sein Volk nur dann richtig, wenn man sein Idiom verstehe. Vom Erlernen alter Sprachen hält Herbert Casson gar nichts. Uns kann aber ein wenig Latein manches Fremdwort verständlich machen.

Klar und einfach formulieren

Eine beherzigenswerte Lehre, die Casson immer wiederholt, sei hier nochmals unterstrichen: Hüten wir uns davor, einen Gedanken, den wir äußern wollen, mit einem Wortschwall zu vernebeln. Verdichten wir unsere Sprache. Bringen wir alles auf den einfachsten Nenner. Die Engländer sagen: «boil it down», destillieren Sie Gedanken heraus. «Was ist der langen Rede kurzer Sinn?» fragt der Konferenzteilnehmer, wenn der Referent zu wortreich und weitschweifig wird.

Verkäufer müssen gut zuhören

Sprechen können ist wichtig, und zuhören können ist wichtig. Sie müssen sich beides antrainieren. Gewöhnlich ist es bei einer Aussprache sogar so, daß Sie mehr gewinnen, wenn Sie vorerst schweigsam aufpassen und sehr genau hinhören. Das gilt sogar für ein Verkaufsgespräch.

Sie werden bald merken, wieviele Türen sich einem guten Zuhörer öffnen. Interessieren Sie sich für Ihr Gegenüber, stellen Sie Fragen im Zusammenhang mit dem Gehörten. Sie werden damit weiterkommen als durch vieles Reden. Wenn Sie ruhig zuhören und den Sprechenden nicht dauernd unterbrechen, erweisen Sie sich zudem als höflich und wirken sympathisch.

Sehen lernen

Dann und wann sollten Sie Beobachtungsübungen machen, beispielsweise, wenn Sie durch die Stadt schlendern oder in der Straßenbahn fahren. Gehen Sie auf Einzelheiten ein, betrachten Sie Details genau: menschliche Gesichter, Schaufenster, Bäume, Plakate, Hausfassaden. Sie werden staunen, was für Entdeckungen Sie machen, wievieles Ihnen bisher entging. Indem wir beobachten und vergleichen, machen wir uns ein genaueres Bild der Welt, in der wir leben und entwickeln unseren Sinn für die Realität. Dieser Anschauungsunterricht ist gratis und schützt uns vor Langeweile.

Nur wenige Leute sehen, was sie sehen. Sie sehen achtlos und gewinnen nichts.
(Chesterfield an seinen Sohn)

Je älter wir werden, desto wichtiger wird diese Übung, desto mehr müssen wir unsere Aufnahmefähigkeit wachhalten. Ein Sechzigjähriger kann einen ganzen Tag verbringen, ohne etwas Neues wahrzunehmen. Er übersieht mehr und mehr, wird stumpf, schließt sich von der Umwelt ab. Sein Leben wird eintönig. Auch junge Menschen laufen Gefahr, Dinge zu übersehen, denen sie täglich begegnen. Dabei versagt nicht etwa das Auge, sondern ihr Verhalten, sie sind achtlos und fahrig. Damit verarmen sie geistig.

Gewöhnen Sie sich an, die Dinge scharf ins Auge zu fassen. Das ist, was die indianischen Mütter ihren Kindern beibringen mit dem Resultat, daß Indianer genauer sehen als wir und mehr von ihrer Umwelt wahrnehmen. Aber das allein genügt nicht, wir müssen das Gesehene auch bedenken. Nur wer sich Gedanken macht über die Bilder, die ihm seine Augen liefern, sieht richtig. Unsere Augen sind ja nur die Fenster und die sind stumm, wenn niemand dahinter steht.

Ihre Tagesbilanz

Ziehen Sie Bilanz am Ende des Tages. Zum Beispiel in einem Tagebuch. Ich kann Ihnen das nur empfehlen. Sie leben dann bewußter, lernen aus dem Erlebten und lernen sich selber besser kennen, können besser mit sich umgehen.

Wenn Sie sich beispielsweise Notizen machen über Ihre Sorgen, werden Sie bald einmal herausfinden, daß es immer dieselben sind. Das kann Anlaß sein, Ihr Verhalten zu korrigieren oder schließlich eine Situation grundlegend zu verändern.

Wenn Sie abends im Tagebuch Ihre Befindlichkeit beschreiben, vergnügte oder ärgerliche Momente registrieren, die guten und schlechten Stimmungen während der abgelaufenen fünfzehn Stunden festhalten, können Sie die jeweiligen Ursachen von Zufriedenheit und Unzufriedenheit entdecken und es mit einer «ursächlichen Therapie» versuchen. Das ist ja genau, was der Arzt tut: Er behandelt nicht die Symptome, er will die Ursachen kennen, sich mit ihnen auseinandersetzen. Nur so kann er Ihnen wirklich helfen. Seien Sie Ihr eigener guter Seelenarzt. Mit Hilfe des Tagebuches. Es muß kein literarisches Meisterwerk sein.

Trainieren Sie Ihr Erinnerungsvermögen

Merkfähigkeit entwickeln

Vielleicht möchten Sie gelegentlich Ihre Beobachtungsgabe testen, um mit fortschreitendem Alter festzustellen, wie stark Ihr Erinnerungsvermögen, Ihr Kurzzeitgedächtnis, das ja mit der Zeit abnimmt, noch ist. Für diesen Versuch lassen Sie jemanden zwanzig kleine Gegenstände auf einen Tisch legen, ganz unterschiedliche Dinge, die gerade erreichbar sind. Betrachten Sie sie aufmerksam während einer Minute. Dann decken Sie sie zu und notieren alle Gegenstände, die Sie noch im Kopf haben. Wenn Sie auf fünfzehn kommen, können Sie mit Ihrem Gedächtnis zufrieden sein.

Sie können auch anders vorgehen, nämlich während einer Minute ein Bild betrachten und sich dann wegwenden, um festzustellen, an wieviele Einzelheiten Sie sich noch erinnern können.

Und falls Sie mit Ihrem Gedächtnis unzufrieden sind? Dann müssen Sie sich damit nicht unbedingt abfinden. Zwar ist das menschliche Vermögen, Bewußtseinsinhalte aufzubewahren, zu behalten, zu speichern und zurückzurufen unterschiedlich vorhanden: Wir sind nicht alles Gedächtniskünstler und Zahlengenies, doch gibt es Möglichkeiten, unser Erinnerungsvermögen zu trainieren und zu verbessern. Dazu müssen wir einige Gesetze der Mnemotechnik kennenlernen.

Schwerin'sche Kurve

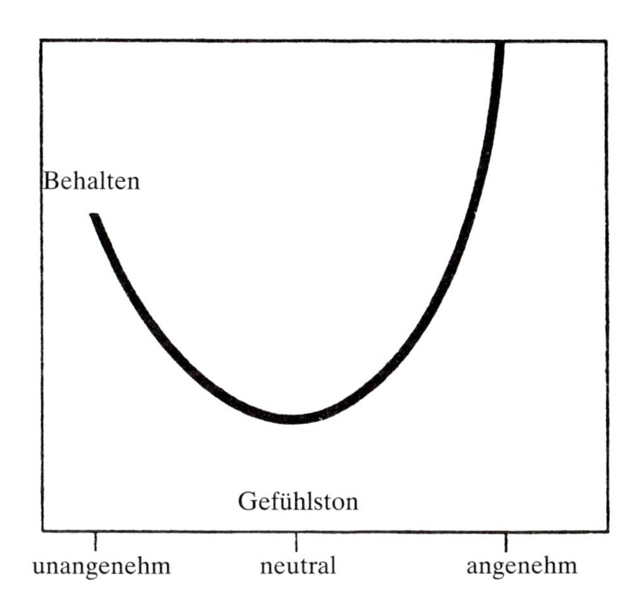

Die Schwerin'sche Kurve zeigt, daß Eindruck und Erinnerungsvermögen abhängen vom Gefühlston eines Ereignisses oder einer Information. Am stärksten bleiben uns extrem unangenehme und extrem angenehme Eindrücke. Daraus können wir ableiten, daß doch offenbar das, was wir zu schnell vergessen – und uns dann deswegen ärgern – uns eben zuwenig beeindruckte, weder negativ noch posi-

Im Unterschied zum Computer speichern wir gezielt

tiv. Logische Folgerung: Was uns rasch aus der Erinnerung entschwindet, haben wir ohne innere Anteilnahme und mit zu geringer Aufmerksamkeit wahrgenommen. Hier können wir unser Verhalten korrigieren.

Praktisch heißt das, daß wir, wenn uns jemand vorgestellt wird, dieses Ereignis ernst nehmen müssen. Notfalls, wenn wir unserer Merkfähigkeit auf Grund gemachter Erfahrungen mißtrauen, verweilen wir zukünftig gedanklich länger beim Namen, nehmen ihn nicht nur akustisch wahr, sondern produzieren sozusagen bewußt das entsprechende Engramm, die bioelektrische und biochemische Gedächtnisspur, geben dem Gehirn Gelegenheit, den Namen «einzuschreiben», rücken also den Vorgang des Kennenlernens aus der langweiligen Mitte heraus. Kürzer gesagt: Wir interessieren uns echt und gewollt für den uns vorgestellten Menschen und seinen Namen, weil unsere Merkfähigkeit beeinflußt wird von unserer Einstellung zur empfangenen Botschaft und der Art des Einprägens. Dabei können uns Assoziationen hilfreich sein. Schließlich: Warum nicht einige Gedanken über den Namen austauschen? Woher kommt er? Was wollte er ursprünglich sagen?

Noch etwas: Mißtrauen gegenüber unserem Gedächtnis mindert seine Leistungsfähigkeit. In diesem Buch wird wiederholt empfohlen, Dinge sofort aufzuschreiben, Gedanken, Ideen, Trouvaillen gleich zu notieren. Im Allgemeinen ist das sicher richtig, nur bedeutet jede Notiz ein Mißtrauensvotum gegenüber dem Gedächtnis, und wir entmutigen es unbewußt. Deshalb meine Empfehlung: gelegentlich in Bagatellfällen das Gegenteil versuchen: nicht aufschreiben, im Kopf behalten, übungshalber.

Wenn Outsider kritische Bemerkungen über Sie oder Ihr Unternehmen machen, können Sie auf zweierlei Arten reagieren: Sie können sie ignorieren, sie abschütteln oder sie sich merken und darüber nachdenken.

Aus Kritik lernen

Welche Haltung finden Sie besser? Ich finde, wir sollten Winke von Außenstehenden beachten und uns damit beschäftigen. Sie können uns vor einer «déformation professionelle» schützen. Es ist doch so, daß das Publikum im Saal besser sieht, was auf der Bühne vorgeht, als der Schauspieler. Dem Unbeteiligten fallen Ungereimtheiten auf, an die Sie selbst sich bereits gewöhnt haben. Wer Kritik nicht verträgt und gleich aus der Haut fährt, leidet an Altersschwäche, wie jung er auch immer sei.

In jeder Branche werden die kleinen Erfindungen im Betrieb selbst gemacht, die großen aber außerhalb, vielleicht sogar außerhalb der Branche, weil die sich über jeden Zweifel erhaben fühlt. (Der Kugelschreiber wurde nicht von einem Füllfederhalter-Fabrikanten erfunden, sondern von einem Außenseiter. Er kostete einigen Füllhalter-Marken beinah das Leben.)

Jedes Jahr sollten Sie einige Wochen reisen. Sehen Sie sich fremde Länder an. Das wirkt stimulierend. Es befreit Sie von Vorurteilen. Wenn Sie reisen, werden Sie mit Neuem, mit Ungewohntem konfrontiert. Heute ist es ja möglich, schnell und komfortabel zu reisen mit dem Flugzeug und den modernen Eisenbahnen. Es ist möglich, die Strecke London – Washington in vierundzwanzig Stunden zurückzulegen und die Welt in neun oder zehn Tagen zu umkreisen. Soweit es Ihre Mittel und Ihre Zeit erlauben, sollten Sie reisen.

Reisen ist das Leben,
wie umgekehrt das
Leben Reisen ist
Jean Paul

Zumindest während der ersten Hälfte Ihres Lebensweges sollten Sie sich zu ungewöhnlichen Taten entschließen, indem Sie annehmen, daß in Ihnen Talente schlummern, die Sie bloß noch nicht entdeckt haben.

Niemand sollte sich in seinem Beruf mit dem erstbesten Platz zufriedengeben, bevor er nicht alle seine Gaben mobilisiert hat. Die Geschichte zeigt uns an Beispielen noch und noch, wie junge Männer zwischen zwanzig und dreißig keine Ahnung davon hatten, zu welchen Höhen in ihrem Beruf und in der Politik sie später aufsteigen würden. Niemand kann mit zwanzig schon wissen, wozu er eigentlich fähig ist.

Vom Umgang mit Menschen

Wenn immer Sie mit einem Menschen verhandeln, entweder, um ihm etwas zu verkaufen, oder ihn für eine Idee zu gewinnen, denken Sie daran, daß Sie nur sein Äußeres sehen. Seine Gedanken, seine Gefühle und seine Einstellungen bleiben Ihnen vorerst verborgen.

Gehen Sie auf Ihre Mitmenschen ein

Um ihn zu gewinnen, müssen Sie wissen, welche Motive ihn bewegen. Sie müssen sich vorstellen, was in Ihrem Gesprächspartner vorgeht und dann Ihr Verhalten nach seiner Natur richten.

Versetzen Sie sich in ihn. Studieren Sie ihn genau. Merken Sie sich, was er mag und was er ablehnt. Jeder Fall ist ein Einzelfall. Es gibt nicht zwei gleiche Individuen auf der Welt.

Nützen Sie jeden menschlichen Kontakt. Wenn ein wichtiger Besucher Ihr Büro betritt, stellen Sie gleich dreierlei Fragen:

1. Fragen Sie Ihren Besucher, was Sie für ihn tun können.
2. Fragen Sie ihn um Rat in einer Sache, die er vielleicht besser beurteilen kann als Sie.
3. Fragen Sie ihn nach seinem beruflichen Wissen und seinen menschlichen Erfahrungen. Wahrscheinlich können Sie daraus etwas lernen.

Diese Gewohnheit wird Ihnen sinnlose Konversation ersparen und Sie werden Menschen entdecken, die Ihnen bei Ihrem Fortkommen behilflich sein können.

Wenn Sie mit jemandem sprechen oder ihm schreiben, merken Sie sich den Namen. Das ist keine Kleinigkeit. Der Name ist ein persönliches Merkmal. Einen Namen unrichtig zu schreiben oder falsch auszusprechen, kann beleidigend wirken. Der Angesprochene kann ableiten, daß er Ihnen gleichgültig ist, und er kann Ihr Verhalten als einen

Akt der Unhöflichkeit empfinden. Im Zweifel ist es besser zu fragen, wie sich sein Name schreibt und ausspricht.

Machen Sie es sich zur Gewohnheit, pünktlich zu sein, ja tun Sie alles, um sich den Ruf eines pünktlichen Menschen zu erwerben. In der Geschichte der Menschheit ist die Pünktlichkeit eine verhältnismäßig neue Tugend. Wir verdanken sie der Erfindung der exakten Uhr.

Seien Sie pünktlich, denn verlorene Zeit findet sich in keinem Fundbüro wieder

In einem zivilisierten Land ist Pünktlichkeit eine Pflicht. Sie entspricht dem vernünftigen Umgang mit dem kostbaren Gut der Zeit.

Pünktlichkeit ist zudem ein Charaktermerkmal. Halten Sie Ihre Abmachungen pünktlich ein, zahlen Sie Ihre Rechnungen pünktlich und sorgen Sie dafür, daß in Ihrem Betrieb die Lieferungen pünktlich erfolgen. Wenn Sie unpünktlich sind, verstehen Sie nicht, mit der Zeit umzugehen. Sie respektieren nicht den Terminkalender der andern und Sie schaden zudem Ihrem Ruf.

Wenn Sie als Unternehmer tätig sind, müssen Sie Leistungen erbringen, die Ihre Abnehmer zu zahlen gewillt sind. Sie stehen im Dienst Ihrer Kunden und Sie haben umsomehr Erfolg, je mehr Menschen Sie nützliche Dienste erweisen. Denken Sie an diese Wahrheit, denn sie ist entscheidend für das Überleben Ihres Unternehmens. Hervorragende Leistungen zu einem fairen Preis – das ist Business.

Was will der Kunde? Was braucht er? Was für latente Wünsche, die bisher noch nicht erfüllt werden konnten, hat er? Das sind die entscheidenden Fragen, wenn es um die Erhaltung und Entfaltung eines Unternehmens geht. Ein Unternehmen kann sich kaum mehr auszeichnen einzig durch das Vorzeigen großartiger Maschinen und eines supermodernen Produktionsapparates, es muß sich an der Nachfrage orientieren und dabei auch kreativ sein, das heißt, schlummernde Konsumentenwünsche entdecken.

Für diese konsumentenorientierte Haltung besteht heute der Begriff *Marketing*. Investition, Produktion, Vertrieb und Werbung werden abgestimmt auf die Bedürfnisse und Möglichkeiten des Marktes. Damit werden Bestand und Wachstum des Betriebes gesichert, Risiken gemindert und der Gewinn maximiert.

Große Erfolge sind das Resultat von Können, Charakter, Effizienz und Hilfsbereitschaft. Der Wert unseres Lebens mißt sich an dem, was wir für unsere Mitmenschen und unsere Umwelt leisten. In diesem Sinn müssen wir Altruisten sein, selbstlos und uneigennützig.

Die Leistung für den Mitmenschen zählt

Entweder Sie tun, was man Ihnen zu tun aufträgt oder Sie sagen anderen, was Sie zu tun haben. Entweder Sie verhalten sich loyal zu Ihrem Chef oder Sie werden selbst zum Chef.

Richtig führen, richtig ausführen – beides ist wichtig

Wir müssen uns nach denen richten, die mehr können als wir und mehr Verantwortung tragen, *oder* wir müssen die andern anweisen, die uns unterstellt sind. Nur bei diesem Verhalten funktioniert der Betrieb.

Wer Weisungen seines Vorgesetzten mutwillig oder aus Nachlässigkeit mißachtet und es an der nötigen Verantwortung fehlen läßt, wird zum berüchtigten Sand im Getriebe. Falls er eine Anordnung falsch findet, muß er das melden.

Andererseits muß er den Mut haben, ihm unterstellte Mitarbeiter zu führen. Helfen Sie Ihren Mitmenschen. Das ist mehr als nur eine Geste der Höflichkeit. Das Leben wäre soviel leichter, wenn wir etwas mehr brüderliche Fürsorge zeigen würden. Ein einfacher Zeitungsverkäufer kann sich auf seine Art als Helfer erweisen, ebenso wie ein Ministerpräsident. „Wer der Erste unter Euch sein will, muß aller Diener sein", steht geschrieben im Buch der Bücher. Wer engherzig und egoistisch immer nur ans „Haben" denkt, wird im Alter allein und verlassen sein. Wer gibt, dem wird gegeben.

Machen Sie Ihren Mitmenschen Mut. Täglich begegnen Sie Menschen, die für einen Zuspruch dankbar sind. Halten Sie es für Ihre Pflicht, sie aufzurichten und anzuspornen. Sie müssen wissen, daß Sie, bewußt oder unbewußt andere immer negativ oder positiv beeinflussen, daß es manchmal nur einiger mitfühlender Worte bedarf, um sie zu bestätigen und aufzuheitern.

Andere mit Traurigkeit und Pessimismus zu infizieren, ist unverantwortlich. Es ist unmoralisch, einen Schwachen schwächer zu machen. Es ist vielmehr Ihre Aufgabe, das Selbstvertrauen derer, die Ihnen begegnen und unsicher sind, zu festigen und zu stärken. Seien Sie ihre Zuversicht in der Not.

Sie sind Meinungs- und Stimmungsmacher

Überhaupt: Was Sie täglich sagen und tun, wie Sie sich geben, beeinflußt Ihre Umwelt. Unterschätzen Sie nicht die Wirkung Ihres persönlichen Einflusses. Gewollt oder ungewollt leisten Sie auch Ihren Beitrag zu dem, was wir öffentliche Meinung nennen. Durch Ihre Worte und Ihr Benehmen machen Sie Ihre Umgebung ängstlich und zaghaft oder zuversichtlich und hoffnungsfroh. Quälen Sie Ihre Umgebung nicht durch zynische und pessimistische Redensarten. Heitern Sie Ihre Mitmenschen auf, Tag für Tag.

Suchen Sie sich jemanden aus, dem es weniger gut geht als Ihnen und greifen Sie ihm unter die Arme. Wenn Sie sich das zur Gewohnheit machen, werden Sie bei all Ihrem materiellen Erfolg und Ihrem Reichtum immer auch ein gütiger Mensch bleiben. Sie werden nie hartherzig und rücksichtslos.

Sie werden für Ihre Hilfe auch belohnt, denn in diesem Geist der Nächstenliebe reift Ihre Persönlichkeit. Dabei sollten Sie aber nur solchen Menschen beistehen, die sich ehrlich bemühen, sich selbst zu helfen. Parasiten überlassen Sie sich selbst, da ist Ihre Mühe fehl am Platz.

Interessieren Sie sich für Kinder. Sehen Sie ihnen zu beim Spielen. Sprechen Sie mit ihnen. Die Kinder werden

Ihnen dabei mehr geben, als Sie ihnen je zu geben vermögen, denn sie sind unverdorben, unvoreingenommen und spontan.

Kinder sind Hoffnungen
Novalis

Kinder sind unsere Hoffnung. Denn Kinder sind begeisterungsfähig, neugierig, sie lieben das Leben. Das sind Eigenschaften, die Sie im Alter bewahren müssen. Der Umgang mit Kindern hält Sie jung. Lassen Sie sich von den Kindern inspirieren.

Schaffen Sie sich einen Freundeskreis und sorgen Sie dafür, daß darin alle Altersstufen vertreten sind. Pflegen Sie auch Ihre Jugend- und Schulfreundschaften. Sie vermeiden dadurch Einseitigkeit in Ihren Beziehungen und behalten Tuchfühlung mit unterschiedlichsten Ansichten und Lebensgewohnheiten.

Herbert Casson preist immer wieder die Freundschaft. Wie ist er zu verstehen? Versteckt sich hinter der Maske der Freundschaft Raffinesse? Sollen wir aus reiner Selbstsucht und Berechnung Freundschaften als Mittel für unsere Zwecke suchen und mißbrauchen? Gewiß nicht. Eine Freundschaft, die beim Geld aufhört, ist nie eine gewesen. Freundschaften entstehen primär aus gegenseitiger individueller Zuneigung. Oberflächliche Bindungen, die sich bloß aus purem Eigennutz ergeben, verdienen den Namen Freundschaft nicht.

Wenn Herbert Casson uns aufruft, Freundschaften zu suchen und zu pflegen, so ist er sich dieser Voraussetzungen sehr wohl bewußt. Daß wir in unseren Freundschaften dennoch etwas suchen, das uns fehlt, nämlich Halt, Ergänzung, Sicherheit, das Gefühl des Aufgehobenseins und Geselligkeit, widerspricht dieser ethischen Regel keineswegs. Freundschaft – das kennzeichnet sie eigentlich – muß immer verbunden sein mit Opferbereitschaft. In diesem Sinn wird sie denn auch seit der Antike als edle und vornehme menschliche Tugend gewertet. Viele wollen einen Freund, wenige geben sich Mühe, einer zu sein. Jeder braucht zwei bis drei intime Freunde, zu denen er restlos offen sein kann, vor denen er keine Geheimnisse hat und nichts verbergen muß.

Das Verdrängen von Sorgen macht diese nicht geringer, sondern größer und schwerer. Man will andererseits nicht seinem ganzen Bekanntenkreis zur Last fallen. Aber mit zwei oder drei Freunden möchte man gut genug stehen, um ihnen, wenn nötig, von tiefsten Sorgen und Kümmernissen berichten zu können. Schon indem wir unsere Verstrikkungen und Probleme ausdrücken und in Worte fassen, sehen wir klarer und kommen vielleicht selbst auf die rettende Lösung.

Es gibt einschränkende Bestimmungen für den Begriff der Freundschaft, man spricht von Gastfreundschaft, von einem Klubfreund, einem Geschäftsfreund. Man darf aber gerade diese letztgenannte freundschaftliche Beziehung, auch wenn sie, zumindest teilweise, opportunistischen Ursprungs ist, nicht gering einschätzen. Ohne ein Mindestmaß an charakterlicher Affinität und geistiger Verwandtschaft wäre sie nicht möglich. Wichtige Geschäfte werden täglich übers Telefon abgeschlossen, ohne den unmittelbaren Austausch von Dokumenten, ohne Unterschrift. Man kennt sich und vertraut sich.

Freundschaft: ein Weiterwerden des Lebens
Euken

Wie angenehm ist es, wenn ich ein Anliegen habe, mich ein Problem beschäftigt, und ich meine Frage mit einem mir wohlgesinnten, vertrauten Freund besprechen kann. Er findet in seinem Terminkalender Platz für mich – oder er legt, wenn es drängt, seinen Terminkalender beiseite.

Freundschaften sind Gold wert, bilden ein durch nichts anderes zu ersetzendes Kapital, während *Feindschaften* Ihnen nur schaden können und Ihre Handlungsmöglichkeiten beeinträchtigen. Sie bedeuten Trennung von Mitmenschen, statt Bindung.

Konkurrenten sind Gegner, nicht Feinde

Betrachten Sie auch Ihre schärfsten Konkurrenten als Mitbewerber, vielleicht als Gegner, nicht aber als Feinde. Seien Sie stets ein fairer Gegner, wie im Sport. Versuchen

Sie, Differenzen auszugleichen. Seien Sie nicht starrköpfig. Meistens hat die Ansicht Ihres Gegners auch etwas für sich.

Demokratie verpflichtet

Wenn Sie in einer Demokratie leben, so müssen Sie sich am politischen Leben aktiv beteiligen und Einfluß nehmen auf die öffentliche Meinung. Sie müssen Ihre Ansichten geltend machen, wo immer Sie können, ohne Rücksicht auf das größere oder kleinere Gewicht, das ihnen zukommen kann. In einer Demokratie ist jeder mitverantwortlich für das Schicksal der Nation.

Abstimmen und Wählen – das allein genügt nicht. Wenn die Regierungen im Amt bleiben wollen, so müssen sie sich leiten lassen vom Willen des Bürgers und von der öffentlichen Meinung, die Sie ja mitbestimmen. Eine funktionstüchtige Demokratie verlangt aktive, selbständig denkende Bürger, die mit ihrer Meinung nicht hinter dem Berg halten. Machen Sie es der Regierung nicht zu bequem, nehmen Sie Ihr Mitbestimmungsrecht und Ihre Verantwortung wahr.

Demokratie ist die Notwendigkeit, sich gelegentlich den Ansichten anderer zu beugen
Churchill

Bitte erinnern Sie sich: Herbert Casson schrieb diese mahnenden Zeilen vor gut fünfzig Jahren. Sie lesen sich hochaktuell, leben wir doch in einer Wendezeit von epochaler Bedeutung. Ich riskiere, mit der Verwendung des Begriffs «Wendezeit» bei einigen befreundeten Politikern als Abweichler, Angstmacher und Unruhestifter zu gelten, benütze ihn aber dennoch, denn ich schreibe diese Zeilen nach der «Heimsuchung von Tschernobyl», dem «Unfall, der nicht hätte geschehen dürfen», also im Augenblick, da die Grenzen des blinden Technik- und Fortschrittsoptimismus einmal mehr für alle sichtbar werden.

Mehr und mehr Bürger werden vermutlich jetzt zum Schluß kommen, daß sie nicht mehr abseits stehen dürfen, daß unsere Zukunft eine politische Sache ist und sie sich nicht bloß ihrer Alltags- und Lebenswelt widmen und am Wahl- und Abstimmungstag zuhause bleiben können.

Eine Begleiterscheinung dieser Tendenz, aktiver, selbständiger und differenzierter politisch zu denken, dürfte gewisse Schwierigkeiten, welche die Parteien in letzter Zeit schon verspürten, noch verstärken: Die Meinungsbildung innerhalb der Partei dürfte mühsamer werden, die Parteidisziplin könnte weiter abnehmen, denn vereinfachende und zu eng interessenorientierte Doktrinen werden von der Parteibasis kritischer als bisher betrachtet und weniger unbesehen übernommen. Der einzelne Stimmbürger und Wähler wird, ganz im Sinne Cassons, mehr individuelle Verantwortung übernehmen, was die Homogenität der Parteien schwächt.

Doch zurück zu Casson:

Sie müssen der Allgemeinheit dienen, ohne sich nach ihr zu richten. Manchmal müssen Sie gegen den Strom schwimmen. Das, was die Leute wollen, ist nicht immer das, was sie eigentlich brauchen.

Wenn eine Mutter ihrem Kind alles gibt, wonach es Lust hat, kommt das schief heraus. Verschließen Sie Ihre Ohren nicht vor den Stimmen Ihrer Mitbürger, aber übernehmen Sie nicht unbesehen ihre Meinungen, sondern wägen Sie unabhängig ab und tun Sie das, was für die Wohlfahrt und das Wohlergehen aller am besten ist.

Wenn Sie eine meinungsbildende Stellung in der Gesellschaft einnehmen oder ein öffentliches Amt bekleiden, machen Sie es sich zur Pflicht, den Menschen nicht nur das zu sagen, was Sie gern hören, sondern auch das, was sie wissen sollten. Wer seinem Publikum schmeichelt und ihm uneinlösbare Versprechungen macht, um ihm zu gefallen, handelt unredlich.

Unsere Gesellschaft braucht Eliten. Wer sich aber zu diesen zählen darf, dank seines Ranges und seiner Begabung, übernimmt Verantwortung. Er darf die Schwächen anderer und ihre Gutgläubigkeit nicht ausnützen. Er soll seine Überzeugung stets taktvoll vortragen, aber immer im

Mit der Macht wachsen gesellschaftliche Pflichten

Blick auf das Wohlergehen der Gemeinschaft. Er muß als Meinungsbildner verantwortungsbewußt handeln.

Sein Leben ist Pflicht, und wenn er seine Pflicht erfüllt, wird ihm das zur Freude gereichen. «Unsere Pflichten – das sind die Rechte anderer auf uns», hat ein weiser Mann gesagt. Unternehmer haben Pflichten, die weit über das Geschäftliche hinausgehen.

Seit der Entwicklung des Buchdrucks und viel mehr noch seit dem Aufkommen des Radios stehen wir unter einer steigenden Flut von Informationen. Davor sollten wir uns in acht nehmen. Wir müssen das viele Gehörte filtrieren.

Gleichzeitig sollten wir die neuen Möglichkeiten der Kommunikation selbst nützen.

Die heutige Hyperkommunikation steht im Dienst des Guten und des Bösen. Sie kann verwirren und verfälschen. Sie dient dem Philanthropen, dem Menschenfreund, ebenso wie dem verruchtesten Diktator.

Der Januskopf der Propaganda

Propaganda beeinflußt dank der modernen Technik immer mehr die öffentliche Meinung. Wir müssen deshalb ihre Motive und Wirkungen sehr genau im Auge behalten. Sie ist ein nicht ungefährliches Instrument, weil sie zur Verwirklichung selbstsüchtiger Ziele und eigennütziger Absichten eingesetzt werden kann, aber natürlich ebenso zum Nutzen der Allgemeinheit. Sie bietet verantwortungsbewußten und vorausschauenden Menschen die Möglichkeit, andere auf kommende Chancen und Gefahren aufmerksam zu machen und so aufklärend zu wirken und die Zukunft unserer Welt zu beeinflussen, denn die Zukunft geschieht ja nicht von selbst, *wir machen sie.*

Tragen Sie das Ihrige bei zu einer besseren kommenden Zeit. Halten Sie an dieser Hoffnung fest während Ihres ganzen Lebens, was immer Ihnen auch passieren mag. Trotz vielen Rückschritten und Enttäuschungen geht es uns im Vergleich zu früheren Generationen doch besser, es gibt für mehr Menschen mehr Wohlstand. Nichts wird mir je diesen Glauben nehmen.

Herbert Casson ermuntert uns, auf eine bessere Zukunft zu hoffen. Ich stimme ihm zu. Wer die Hoffnung aufgibt, gibt sich selber auf. Nur leben wir heute in einer Welt, die Anlaß zu Zweifel gibt, für viele zum verzweifeln ist. Ich denke an das Wettrüsten und an unser Mißtrauen und unsere wachsenden Befürchtungen im Blick auf die Atomenergie. Ich kann nur mit Casson daran erinnern, daß die Zukunft nicht sich selbst macht, sondern eine Folge unseres Geistes und unserer Erkenntnis ist. Wir sind verantwortlich für das, was kommt, und müssen deshalb auf unsere Vernunft und unser Gewissen hören und gegebenenfalls unsere Stimme erheben.

Wir selbst sind verantwortlich für das Kommende

Alle suchen das Glück. Für mich ist Glück Talent für das Schicksal. Der Lebenstüchtige ist glücklich. Wenn ich von Efficiency rede, meine ich immer die Lebenstüchtigkeit, ihre Förderung und Entwicklung. Das ist mein eigentliches Anliegen.

Zum Erwerben des Glücks gehört Fleiß
J. P. Hebel

Wer zu seiner Ertüchtigung wenig oder nichts beiträgt, darf auch nicht auf ein glückhaftes Dasein hoffen. Das demonstrieren uns viele ziellos umherirrende Menschen.

Wenn Sie ein Leben lang glücklich sein wollen, lieben Sie Ihre Mitmenschen und Ihre Arbeit. Achten, verstehen und lieben Sie jene, die mit Ihnen im Alltag beruflich verbunden sind, versuchen Sie, ihnen hilfreich zu sein.

Die Welt, in der wir leben, ist vom Paradies weit entfernt. Das menschliche Glück ist nicht vorprogrammiert. Wir müssen uns selbst darum bemühen. Wir müssen unsere Ideale unverdrossen verfolgen, wohl wissend, daß wir sie niemals endgültig erreichen werden.

Das Leben ist kurz, und wir müssen danach trachten, es harmonisch zu gestalten. Wir müssen manchmal loslassen, Unabänderliches gelassen hinnehmen und dann wieder zupacken. Das, was nicht zu ändern ist, soll uns nicht entmutigen. Es steht daneben noch so vieles in unserer eigenen Macht.

Es ist wichtig zu vertrauen, wichtig *zu hoffen.* «Wir sind so groß, wie unsere Hoffnung groß ist», sagt *Rupert Lay.* Wir wollen auch die dunklen Seiten unserer Existenz mutig wahrnehmen, nicht an ihnen vorbeisehen, uns aber auch von ganzem Herzen freuen daran, daß uns dieses Leben und die Möglichkeiten, es nach unserem Sinn zu gestalten, geschenkt wurden. Feiern wir unser Leben.

Ist es nicht ein Glück zu atmen, zu sehen, zu hören, zu fühlen, zu lieben und zu denken an die Großartigkeit unseres Daseins, das wir für kurze Jahre fristen, als unendlich kleine Partikel eines immensen rätselhaften Universums?

Herbert Casson, der Hoffnungsverkäufer

Herbert Casson, der Hoffnungs-Verkäufer. Das soll keine abschätzige Bemerkung sein. Mit jedem seiner 184 Bücher macht er uns Hoffnung, stärkt er unseren Glauben an die großen Fähigkeiten des Menschen, und darum schätzten ihn Hunderttausende als geistigen Erneuerer seiner Zeit. Von dem gelegentlich beschwörenden Pathos seiner Sprache wollen wir uns nicht stören lassen. Auch nicht von der Nonchalance, mit der er bisweilen seine Anliegen vorträgt.

Von der Pflicht, zu hoffen

Hoffnung ist eine Art von Glück; vielfach das größte Glück, das diese Welt bereit hat
Samuel Johnson

Hoffnung ist eine der kapitalen menschlichen Tugenden. Sie gibt uns immer wieder neuen Auftrieb. Sie macht uns unbeirrbar in der Verfolgung unserer Ziele und unseres Glücks. Sie ist ein starker Anker in unruhiger See. Wenn wir stolpern, läßt uns die Hoffnung wieder aufstehen und weitergehen. Hoffnung läßt uns Flügel wachsen «gleich denen der Adler»... «die Tapferen werden fliegen und nicht matt werden: Sie werden wandeln und nicht müde werden» (Jes. 40.31).

Daß die menschliche Grundhaltung des Hoffens eine komplexe Sache ist, geht schon daraus hervor, daß *Ernst Blochs* Werk, das sich diesem Thema widmet, in drei Bänden 1657 Seiten umfaßt («Das Prinzip Hoffnung»). Er räumt ein, daß der Mensch von Geburt an mit diesem Antrieb des Hoffens und Vertrauens ausgestattet ist. Und auf der ersten Seite des ersten Bandes lesen wir – ich zitiere das für unsere Stunden des Kleinmuts, des Zweifelns, wenn wir Hilfe und Sicherheit suchen: «Es kommt darauf an, das Hoffen zu *lernen.*» Hoffen sei wirklich lehr- und lernbar, führt Bloch auf der gleichen Seite den Grundgedanken seines immensen Werkes zu Ende, um dann seine These ausführlich zu begründen.

Wer Hoffnung lernen will, stimmt sich ein auf seine handlungsleitenden Vorstellungen von der Zukunft im persönlichen und beruflichen Bereich. Er stellt sich möglichst bildhaft die Verwirklichung seiner Wünsche vor. Dann strömt ihm aus seinem Unbewußten die Inspiration frei zu und auch die Kraft, die Eingebungen zu verwirklichen.

Er ist ein Tagträumer, der neben den Fähigkeiten seines Verstandes auch die viel größeren Kräfte seines Gemütes mobilisiert, damit – um wieder mit Ernst Bloch zu sprechen – «der Weizen, der reifen will, gefördert und abgeholt werden kann».

In der Konkordanz der Luther-Bibel finden wir nicht weniger als hundertachtundsechzig Texte zum Thema Hoffnung. Das heißt doch, daß sie die menschliche Handlungsbereitschaft fördert, uns instand setzt, die Last des Gegenwärtigen zu tragen und unsere Pläne und Vorstellungen von der Zukunft zu realisieren, sie in die Tat zu übersetzen, das Unvollendete zu vollenden. Alles wankt, wo die Hoffnung fehlt.

Arbeiten Sie an Ihrer Ehe

Ein glückliches Familienleben ist unbezahlbar. Darum lohnt es sich, an einer Ehe zu arbeiten. Das harmonische Zuhause trägt mehr bei als alles andere zu unserer geistigen Entfaltung und seelischen und leiblichen Gesundheit. Familie und Beruf: zwischen diesen beiden Polen schwingt unser Leben.

Das heißt, daß wir uns nach beiden orientieren müssen. Zuhause erholen wir uns, sammeln neue Kräfte und widmen uns einem zweckfreien Tun im Unterschied zu unserer Arbeit, wo alles von früh bis spät zweckgebunden ist.

Nun lehrt mich aber meine Erfahrung, daß eine schlecht gewählte eheliche Partnerschaft eines Menschen größte Belastung werden kann. Daher sollte sich niemand mit einer Ehe abfinden, die untragbar geworden ist und nur noch eine vom Staat sanktionierte Tyrannei darstellt. Er soll notfalls das Joch der Ehe abschütteln. Eine gute Ehe kann ein Segen sein, eine schlechte kann uns zuviel kosten.

Manche Ehe ist ein Zellengefängnis zu zweien
Hille

Herbert Casson berührt hier ein heikles und hochaktuelles Thema. Während er – in der Regel, aber mit Ausnahmen – seine Leser antreibt zu höchstem Einsatz und voller Hingabe an den Beruf, plädiert er – für manche Leser überraschend – hier explizit für einen harmonischen Ausgleich zwischen geschäftlichem und privatem Leben, für die bewußte Pflege der privaten Sphäre. Er stimmt dabei einer ehelichen Dauerbindung nicht vorbehaltlos zu, sondern empfiehlt unter gewissen Umständen die Scheidung.

Herbert Casson weitet unversehens sein Erfolgsprogramm aus auf das Gelingen des persönlichen Glücks im Bereich des Eros. Er mahnt uns, daß Selbstverwirklichung durch Leistung nicht alleiniges Ziel sein darf. Unsere Glückshoffnung richtet sich auch auf die Liebe. Auch sie muß gelingen, soll unser Leben wahrhaft erfüllt sein. Er plädiert für die Kultur der privaten Sphäre, einer erfüllten Beziehung zwischen Mann und Frau.

Jedoch: Es ist unrealistisch, ja gefährlich, sich eine Ehe als dauernde Harmonie zwischen zwei Menschen vorzustellen, in die man sich legen kann wie in ein warmes Bad. Es gibt da immer wieder kalte Duschen. Die Lösung von Beziehungskonflikten gehört zum Leben.

Gerade heute wird erfolgreichen Unternehmern vorgeworfen – und vielfach zu Recht – sie vernachlässigten ihre Ehepartnerinnen, die «grünen Witwen», die Familie und ihre Kinder. Sie werden beschuldigt, ihre Kräfte und ihre Zeit allzusehr im beruflichen Bereich zu verausgaben.

Viele, die in Schwierigkeiten geraten, weil sie spät erkennen, daß eine gedeihliche Ehe und ein glückliches Daheim mindestens so wichtig sind wie Erfolg im Beruf, suchen dann den Eheberater auf und analysieren mit ihm ihre Nöte. Dabei kommt heraus, daß Liebe etwas Flüchtiges ist und kein erhebender Dauerzustand, der ein für allemal errungen werden kann und dann zum unvergänglichen Besitz wird.

Eheliche Liebe erschöpft sich auch nicht im Sexualleben. Sie fordert uns ganzheitlich. Sie verlangt dauernde Aufmerksamkeit und selbstlose Zuwendung, fortwährendes Geben ohne die Erwartung eines greifbaren Nutzens. Sie beansprucht stete Hilfsbereitschaft und ein hohes Maß an Toleranz. Sind diese Voraussetzungen erfüllt, so kann sie eine unvergleichliche Quelle der Kraft, der Ruhe, des Wohlbefindens und der Lebensfreude sein.

Werben und verkaufen

Gleichgültig, in welchem Beruf Sie tätig sind, Sie sollten die Kunst des Verkaufens studieren. Eine gewisse verkäuferische Gewandtheit ist jedem von uns nützlich. Jeder «verkauft» gelegentlich sich selbst, seine Person, seine Fähigkeiten als Arbeitnehmer, als Manager, als Berater, er empfiehlt seine Firma oder die Produkte, die sie anzubieten hat. Dabei gilt in jedem Fall die sogenannte *Sheldon Rule*. Sie umfaßt die folgenden vier Stufen:

Gute Verkäufer sind gute Menschenkenner

1. Aufmerksamkeit gewinnen
2. Interesse wecken
3. Den Wunsch entfachen
4. Handlung auslösen

Grundsätzlich gilt dieses Rezept heute noch. Dabei ist wichtig, daß wir die Aufmerksamkeit auf angenehme Weise erregen, nicht durch unsinnige und zielfremde Gags. Wir sollen nicht um jeden Preis Aufmerksamkeit gewinnen wollen.

Sheldons Rezept wurde in der Zwischenzeit ergänzt durch die Maxime von *Rosser Reeves,* die bekannt ist unter dem Kürzel USP, «Unique Selling Proposition». Praktisch heißt das, daß wir bei jedem Angebot herausfinden müssen, wodurch und inwiefern es sich unterscheidet von den Konkurrenzangeboten. Wir müssen das Besondere, Einmalige, Einzigartige an unserer Offerte unterstreichen. Obschon häufig das Gegenteil behauptet wird, gibt es auf der ganzen Welt nicht zwei genau gleiche Produkte oder zwei genau gleiche Firmen, sowenig wie es zwei völlig identische Menschen gibt.

Wenn ich also zum Beispiel eine Stellenbewerbung schreibe, so muß ich mir überlegen, welches meine Vorteile sind gegenüber meinen möglichen Mitbewerbern: mein Charakter, meine Bildung, meine berufliche Erfahrung, meine bisherigen Leistungen, meine Referenzen und guten Zeugnisse? Was zeichnet mich aus? Wie lautet meine USP?

Wenn ich hier schon als Werbemann über Werbung schreibe, kann ich die neuerdings von Professor Kroeber-Riel verkündete und vehement diskutierte Theorie nicht stillschweigend übergehen, denn sie stellt die bisher gültige Lehre auf den Kopf. Werbung soll nicht mehr informieren, sie soll bloß noch versuchen, Marken ins Gerede zu bringen und diese zu thematisieren statt, wie bisher, dem potentiellen Käufer etwas mitzuteilen, was für ihn nützlich sein könnte. Diese Beschränkung auf Markenthematisierung sei Pervertierung der Werbung, die nur noch dem Verleger etwas bringe, meint der Werbemann *Hans-Ulrich Schweizer,* Werbung ohne Relevanz produziere Ignoranz. Ganz einverstanden. Kroeber-Riel will Werbung nach dem Prinzip «l'art pour l'art», Werbung, die gefällt, amüsiert, sich selbst genügt.

Wenn Sie sich in der Kunst des Verkaufens üben, werden Sie sich zu einem besseren Menschenkenner entwikkeln. Sie werden geschickter verhandeln, Friktionen vermeiden, größeren Einfluß auf Ihre Umgebung ausüben und Sackgassen vermeiden. Zwangsweise werden Sie sich auch mehr interessieren für Ihre Mitmenschen, sie studieren, sie kennen und beurteilen lernen. Sie eignen sich psychologisches Wissen an, verstehen die Motive, welche die Leute zu bestimmten Handlungen bewegen. Kurz gesagt, wenn Sie ein besserer Verkäufer sind, werden Sie es leichter haben, das Geschehen in Ihrem Sinne zu lenken.

Psychologie: Naturwissenschaft der Seele

Verkaufen lernen Sie am besten und schnellsten in der Praxis als Reisevertreter oder wenn Sie in dem Bereich tätig sind, den man heute Direct Marketing nennt, wenn Sie also auf schriftlichem Weg mit Werbebriefen und Prospekten einen Artikel oder eine Leistung verkaufen müssen.

Da finden Sie schnell heraus, welche Argumente die richtigen sind. Sie lernen auch, Ihre vielleicht zu große Scheu und unbegründete Hemmungen überwinden, denn Sie müssen Menschen etwas anbieten und empfehlen, ohne daß Sie dazu aufgefordert worden sind. Für Ihren Mißerfolg gibt es im Direct Marketing keine Ausreden (wie in der konventionellen Werbung), vorausgesetzt, der Artikel ist gut und bietet dem Käufer einen reellen Nutzen. Erfolg und Mißerfolg hängen allein von Ihnen, von Ihrem Können, Ihrem werblichen Geschick und Ihrem Lernvermögen ab. Ein Verkäufer ist ein Lehrer. Er muß etwas von Didaktik verstehen und durch die Art seiner Darbietung die «Schüler» ansprechen, überzeugen und faszinieren, zum Handeln bewegen.

Setzen Sie sich realistische Umsatzziele. Natürlich ist es tendenziell richtig, von Jahr zu Jahr höhere Verkaufsziffern anzuvisieren und sich eine Ausweitung des eigenen Marktanteils vorzunehmen. Der Chef, der die Sprunglatte höher und höher setzt, kann damit sich selbst und seine Mitarbeiter motivieren.

Er läuft dabei aber das Risiko, als Fabrikant oder als Detaillist auf einem zu großen Lager sitzenzubleiben. Dabei bleibt Geld gebunden, das keine Zinsen abwirft, und wenn Ziele zu oft nicht erreicht werden, wirkt das entmutigend.

Hersteller und Wiederverkäufer müssen also, wenn sie ihre Zielvorhaben bekanntgeben, dies von der Verkaufsfront aus tun. Es braucht viel Erfahrung und großes Einfühlungsvermögen, um abzuschätzen, wie groß die mögliche Steigerungsrate ist und um wieviel die bisherigen Resultate noch übertroffen werden können durch effizientere Arbeit auf den verschiedenen Ebenen des Unternehmens.

Ich mache schon lange keine Prognosen mehr, und schon gar nicht für die Zukunft
Karl Otto Pohl, Bundesbankpräsident

Die Marktmacht der Frau

Fragen Sie die Frauen. Die meisten Unternehmen werden von Männern geleitet, doch die Mehrzahl der Konsumgüter kaufen Frauen ein. Auch bei andern Kaufentscheiden sind sie beteiligt. Darum ist es so wichtig, zu wissen, was Frauen gern haben, was sie wollen und was nicht.

Die meisten Männer bilden sich ein, darüber Bescheid zu wissen. Das ist eine Anmaßung, eine Illusion. Die Frauen sind viel gewitzter als die meisten Männer glauben. Sie haben ein besseres Gespür als wir.

Es ist ein Irrtum zu meinen, es gäbe eine standardisierte Intelligenz, und das frauliche und männliche Denken und Fühlen seien identisch. Die beiden Geschlechter sind verschieden begabt, wobei die unterschiedlichen Begabungen sich ergänzen. Tragen Sie dieser Tatsache Rechnung. Orientieren Sie sich als Geschäftsmann auch an der weiblichen Mentalität, das ist interessant und lohnend zugleich.

Es gibt bewährte wissenschaftliche Methoden, die Sie im Hinblick auf Ihren Absatzerfolg einsetzen können. Ich rede von der *Marktforschung*. Fragen Sie Ihre Kunden nach ihrer Meinung über Ihre Firma und ihren Erfahrungen mit Ihrem Produkt. Finden Sie heraus, was sie an Ihrer Ware schätzen oder vielleicht beanstanden, und wie sie zur Konkurrenz eingestellt sind.

Solche Umfragen lassen sich mit geschickt gestalteten Fragebogen durchführen, sie dienen einem Interviewer als Leitfaden für sein persönliches Gespräch. Die Geschäftswelt orientiert sich mehr und mehr nach den Bedürfnissen und Wünschen potentieller Kunden. Es ist gescheiter, diese Wünsche durch Befragungen genau zu eruieren, statt sie bloß gefühlsmäßig erraten zu wollen. Es gibt heute erfahrene Unternehmen, die solche Marktuntersuchungen kunstgerecht für Sie durchführen.

Zehn Jahre lang war ich Marktforscher und habe zum Schluß ein eigenes Marktforschungs-Institut, die «Publitest», gegründet. Ich habe vielen Unternehmern Entscheidungshilfen bieten können, dabei aber festgestellt, daß hinter jeder erhaltenen Antwort neue Fragen auftauchen. Oft ist es dann so, daß man deshalb die Entscheidung hinauszögert, weiter fragt und forscht, wochenlang, monatelang ein Fragezeichen vor sich herschiebt. Damit verliert man Zeit und fällt den Entschluß möglicherweise erst, wenn der günstige Moment verpaßt ist. Der Unternehmer muß beobachten *und* experimentieren. Er muß manchmal mutig handeln und seiner Intuition folgen. Ein französischer Denker hat einmal gesagt, das Risiko sei die Bugwelle des Erfolgs.

Gleichgültig, in welcher Branche Sie tätig sind: Mehr und mehr müssen Sie die Modetrends verfolgen. Seitdem die Leute mehr Geld verdienen, werden sie in ihren Anschaffungen immer stärker von der Mode beeinflußt. Das gilt nicht bloß für die Bekleidung, wo bekanntlich jährlich oder in noch schnelleren Rhythmen Farben und Design ändern.

Modetrends sind sehr schwer voraussehbar, wir können nur ständig den Finger in den Wind halten, um zu spüren, woher und wohin der Wind weht. Modische Artikel bringen einen höheren Preis; das Modegeschäft hat aber einen stark spekulativen Charakter. Dem Risikofreudigen kann es viel Geld bringen.

Modetrends sind schwer voraussehbar . . . z. B. der Welterfolg der «Swatch»

Überall, wo er sich zeigt, in allen Worten und Taten, erregt der Anstand den Beifall der Umgebung
Cicero

Sie müssen sich Tag für Tag bewähren als integrer, fairer Geschäftspartner. Sie gewinnen damit etwas, das Sie in der Bilanz vergeblich suchen, was aber den eigentlichen Wert Ihres Unternehmens ausmacht: Goodwill.

Zufriedene Kunden bleiben Ihnen treu, und sie machen für Sie erst noch die billigste und wirksamste Werbung, nämlich «von Mund zu Mund»-Reklame. Kunden, die Sie schätzen und Ihnen vertrauen, sind das sicherste Fundament Ihres Unternehmens, ein zinstragendes Kapital. Achten Sie immer auf die Meinung Ihrer Kunden und die aller Geschäftspartner, also auch der Lieferanten, der Banken und ganz allgemein Ihrer Umwelt, der Behörden, der Nachbarschaft und der ganzen Öffentlichkeit. Der Goodwill ist die Luft, in der Sie atmen.

Goodwill – die Luft, in der Sie atmen

Ihre Werbung kann mehr oder weniger clever sein, wichtig ist, daß sie wahr ist. Nehmen Sie sich also immer vor, in Ihrer Werbung die Wahrheit zu sagen über Ihr Unternehmen und Ihre Produkte.

Wesentlich ist dabei auch die Art, in der Sie das tun, die Art Ihres Auftretens. Die Konsumenten sind kritisch und durchschauen alle Übertreibungen. Understatements in der Werbung sind wirksamer, wirken ehrlicher und sympathischer als Großmäuligkeit. Superlative nimmt niemand mehr ernst.

Wenn man aber Ihrer Werbung nicht glaubt, verschwenden Sie Ihr gutes Geld und schädigen erst noch Ihren Ruf. Betrachten Sie Ihre Werbung als einen Dienst am Kunden, als nützliche Information des Käufers. Enttäuschte Kunden kommen nie wieder. Die Wahrheit zu sagen war immer mein Geschäftsgeheimnis.

Ich habe jetzt für die Wahrhaftigkeit und Ehrlichkeit in der Werbung plädiert, dabei aber schon angedeutet, daß Langeweile der Todfeind effektvoller Reklame ist. Ein bellender Dackel erreicht mehr als ein schlafender Elefant. Ob Sie Ministerpräsident oder Inhaber eines Detailgeschäftes sind: Showmanship ist wichtig. Gerade in der Politik können Sie immer wieder feststellen, daß es nicht nur darauf ankommt, was man sagt, sondern auch, wie man es sagt. Die Menschen wollen unterhalten sein. Sie werden ständig von so vielen Dingen abgelenkt, daß ein Redner auch mit seiner Gestik und seiner Mimik kommunizieren und die Aufmerksamkeit der Leute auf sich lenken muß.

Auch der kleinste Krämer muß dafür sorgen, daß sein Schaufenster voll Sehenswürdigkeiten ist. Schließlich zeichnet sich ja ein guter Lehrer auch durch die Gabe aus, seine Schüler zu begeistern für einen Stoff, der ihnen manchmal schwierig und trocken vorkommt. Wer mit Menschen zu tun hat, Menschen für sich gewinnen will, ist im Showbusineß tätig.

Die Kunst des Führens

Sie sollten so früh als möglich in Ihrem Leben versuchen, Führungseigenschaften zu entwickeln. Sie können das tun, wenn Sie zusammen mit den Kameraden Fußball spielen. Sie können Führungsqualitäten bei den Pfadfindern entwickeln. Jeder Führer braucht eine überzeugte Gefolgschaft. Er muß es lernen, Menschen zu motivieren, Anweisungen zu erteilen, die beachtet werden. Er muß den Mut haben, Verantwortung zu übernehmen und allein an der Spitze voranzugehen.

Die Weltgeschichte, das heißt, die Geschichte dessen, was der Mensch in der Welt vollbracht hat, ist die Geschichte der großen Männer, die in ihr geschafft haben

Dabei muß er auch Schüchternheit ablegen und Ängste überwinden. Er soll andere führen, sich mit ihnen auch beraten, aber schließlich selbst entscheiden. Vielleicht sind Sie eine Führernatur von Geburt an, vielleicht sind Sie es nicht. Jedenfalls sollten Sie ein überlegenes, autoritäres Gebaren vermeiden, sich niemals rechthaberisch, schroff und herrisch aufführen. Führen ist weitgehend eine Sache des guten Stils.

Sobald Sie eine Führungsrolle übernehmen, müssen Sie sich darüber im klaren sein, wie eine Organisation funktioniert. Sie müssen sich bewußt sein, daß Sie nun an der Spitze einer mehr oder minder großen Zahl von Individuen stehen, die alle ihre Eigenheiten haben, die aber zur Erreichung eines gemeinsamen Zieles zusammenarbeiten wollen.

Dabei sind die einzelnen Befugnisse und Verantwortungen klar verteilt, was aber keinesfalls heißt, daß die Organisation ein statisches Gebilde ist. Wenn sie gesund und leistungsfähig bleiben will, muß sie in ständigem Wandel sein.

Bildung, ein wichtiges Ziel, für das niemals zuviel von dem Geld der Arbeitgeber aufgewendet werden kann (Institut of Economic Affairs)

Praktisch heißt das, daß Sie für die Weiterbildung der verantwortlichen Mitarbeiter zu sorgen haben und dafür, daß sie auch eigene Initiative entwickeln. Erworbenes Wissen und festgelegte Arbeitsabläufe gelten nicht für alle Ewigkeit. Sie müssen Ihre Mitarbeiter fördern und dafür sorgen, daß sie mitdenken und auch aus eigenem Antrieb handeln.

Sie dürfen Ihre Untergebenen also nicht zu Zwergen machen, sie verkümmern lassen, sondern Sie müssen beitragen zu ihrem inneren Wachstum. Wer in einem Unternehmen arbeitet, Verantwortung trägt und dafür sein Bestes gibt, sollte dafür belohnt und materiell genauso gut gestellt werden, wie wenn er sein eigener Meister wäre.

Beim Aufbau einer Firma sollten Sie sich für jeden wichtigen Posten den bestmöglichen Mitarbeiter aussuchen. Sie dürfen dabei nie Angst haben, er könnte Sie dank seiner guten Gaben je konkurrenzieren und überflügeln. Wenn Sie so entscheiden, sind sie als Führer ungeeignet.

Wenn Sie den Mann eingestellt haben, instruieren Sie ihn, führen Sie ihn sorgfältig ein. Dann aber lassen Sie ihm die notwendige Selbständigkeit. Schauen Sie ihm nicht ständig über die Schultern. Beurteilen Sie ihn nach seinem Erfolg. Das ist das eigentliche Geheimnis der meistbewunderten Unternehmer. Sie führen begabte Mitarbeiter an loser Leine und respektieren ihre Freiheiten.

Der tüchtige Mitarbeiter hat in dem ihm anvertrauten Bereich die beste Übersicht. Man soll ihm vertrauen und ihn in seinem Ressort entscheiden lassen, nach den obersten Richtlinien des Unternehmens selbstverständlich und nach einem für alle verbindlichen Credo. Machen Sie die leitenden Persönlichkeiten Ihres Unternehmens mitverantwortlich für den Gesamterfolg. Sie dürfen nicht wie Laufburschen behandelt werden.

Jedes sicher und reibungslos funktionierende Unternehmen braucht seine Bürokratie. Geschäftsabläufe werden an Regeln gebunden, und viele von ihnen müssen aktenmäßig registriert werden, damit Ordnung herrscht und alle Aktivitäten in gleichbleibender Zuverlässigkeit und Berechenbarkeit sich vollziehen.

Bürokratie wird aber dann zum Hemmschuh, wenn sie überwuchert, wenn sie die unternehmerische Tätigkeit behindert, statt sie zu fördern. Leider ist das so in manchen Firmen und vor allem in staatlichen Verwaltungen, wo oft Initiative abgeblockt und rasches, effizientes Handeln verhindert wird.

Bürokratie ist krebsfräßig an Haupt und Gliedern . . . Bei schlechten Beamten hilft uns die beste Bürokratie nichts
Bismarck

Kleinliche Paragraphen stehen der gesunden Vernunft im Wege, die persönliche Initiative erlahmt im Gestrüpp enger Vorschriften, die Arbeit erstickt in komplizierten Prozeduren. Wir wollen nützliche Güter und Leistungen hervorbringen und nicht Aktenberge.

Der Erfolg Ihres Unternehmens hängt weitgehend von Ihren Mitarbeitern ab, von ihrem Wissen und Können und ihrer Einsatzfreude. Wenn Sie jemanden engagieren, so müssen Sie sich klar darüber sein, daß es kein absolut sicheres Prozedere gibt, die für die zu besetzende Stelle optimal geeignete Person zu finden. Einigen Sie sich mit neuen Mitarbeitern auf eine Probezeit von drei Monaten. Bevor Sie jemanden an der Arbeit gesehen haben, können Sie seine persönlichen Qualitäten und seine Eignung für den auszufüllenden Posten nicht beurteilen.

Suchen Sie sich nicht die billigsten Arbeitskräfte, sondern solche, die ein gutes Salär verdienen. Mit ihnen erreichen Sie Ihr höchstes Ziel am sichersten, nämlich die Anhebung der Effizienz Ihres Betriebes. Mit gutbezahlten Leuten wird Ihnen unter dem Strich mehr bleiben als mit Mitarbeitern, die Ihr Salärkonto entlasten. Investieren Sie in menschliche Qualitäten. Sie sichern und verbessern Ihren Reingewinn, wenn Sie Könner mit integrem Charakter engagieren und gut bezahlen.

In unserem industriellen Zeitalter müssen Sie als Unternehmer dreierlei Kräfte einsetzen: die Kraft der Kohle, also der mechanischen Energie, die Kraft des Denkens und die Kräfte des Herzens. Kohle und Elektrizität setzen Maschinen in Bewegung, aber das ist bei weitem nicht genug. Ihre Mitarbeiter müssen Mit-denker sein, und zum Einsatz ihrer Denkkraft sollten Sie sie stets stimulieren. Aber das reicht noch nicht aus. Auch das Betriebsklima hemmt oder fördert die Leistung.

Am schwersten ist es, die Menschen zu lieben, wie sie sind

Der Chef muß Mitmensch sein und seine Mitarbeiter zur Mitmenschlichkeit erziehen. Eifersucht und Intoleranz sind zu bekämpfen, sportliche Fairneß, Toleranz und echte Kameradschaft verdienen ständige Pflege. Gefühlskräfte sind ein ebenso wirksamer Antrieb wie die Kraft der Kohle und des elektrischen Stroms.

Den Erfolg teilen

Sobald Sie Erfolg haben, sollten Sie andere daran teilhaben lassen. Machen Sie Ihr Geschäft nicht zu einem Palast, der auf einer einzigen Säule ruht. Mehrere Säulen bedeuten mehr Sicherheit. Zwar sollten Sie Ihr Unternehmen immer selbst kontrollieren, Sie sollten das Sagen haben, grundsätzliche Ansichten aber mit dem engen Kreis Ihrer besten Mitarbeiter teilen. Sie sollten ihnen auch die Möglichkeit geben, Aktien zu erwerben. Machen Sie sich zum Zentrum einer Gruppe kompetenter Fachleute, von denen alle am Gewinn beteiligt sind und für die Sie ein offenes Ohr haben, wenn Managementfragen diskutiert werden. Das war das Erfolgsgeheimnis des Stahlmagnaten Carnegie und von Rockefeller.

Betrachten Sie Ihr Unternehmen stets auch aus der Sicht Ihrer Mitarbeiter, denken Sie an ihre Wünsche und an ihre Belange, wenn Sie sie für eine effiziente Arbeitsgemeinschaft gewinnen wollen. Finden Sie die gemeinsamen Interessen und machen Sie sie zum Ausgangspunkt Ihrer Unternehmenspolitik.

Alle, die mithelfen, Ihre Ziele zu verwirklichen, müssen persönlich davon profitieren, sie müssen die Ziele auch in ihrem ureigensten Interesse erreichen wollen. Wer Erfolg haben will, muß Erfolg teilen.

Freigiebigkeit lohnt sich. Sie können Ihre unternehmerischen Ambitionen nur dann verwirklichen, wenn auch andere sich dafür begeistern. Seien Sie großzügig, leben Sie auch für andere, geben Sie ein Stück Ihres Lebens an Ihre Mitmenschen hin.

Sie dürfen Menschen nicht behandeln wie Dinge. Merken Sie sich zum Beispiel die Namen Ihrer Mitarbeiter. Wenn Sie sie beim Namen nennen, gibt ihnen das die Sicherheit, daß Sie sie schätzen. Es bildet sich eine persönliche Beziehung, und dies ist sehr wichtig. Wer sich von Ihnen nicht anerkannt oder sogar mißachtet fühlt, wird sich niemals für Sie einsetzen.

Wie oft mein Name wiederkehrt, ich hab ihn nie genug gehört (Sprichwort)

Seien Sie sich dabei aber immer bewußt, daß Ihre Mitarbeiter ein feines Gefühl haben und gespielte von echter Zuneigung unterscheiden können. Im industriellen Zeitalter sind Betriebe mechanisiert. Es geht nun darum, sie auch zu humanisieren. Mitgefühl im Betrieb sollte das Primat haben vor großartigen philanthropischen Werken außerhalb Ihres Unternehmens.

Wissen Sie, wann Ihre nächsten Mitarbeiter ihren Geburtstag feiern? Tragen Sie doch die Daten in Ihre Agenda ein. Begrüßen Sie sie am Morgen mit einem Händedruck. Merken Sie sich das zehnte, zwanzigste oder dreißigste Dienstjubiläum Ihrer Angestellten. Laden Sie den einen oder andern gelegentlich zu einem Lunch ein.

Natürlich möchten Sie bei konzentrierter Arbeit möglichst wenig gestört werden. Sie dürfen sich aber nicht dauernd abschließen. Nach meiner Erfahrung sind Menschen umso leichter persönlich ansprechbar, je weiter oben sie sind – vorausgesetzt, sie sind ihrer Aufgabe gewachsen und lösen sie in souveräner Art.

Fast alle Menschen, die etwas taugen, haben gute Manieren
(Nach Leopardi)

Jemand, der sich nicht selber unter Kontrolle halten kann, ist nicht geeignet, andere zu kontrollieren. Zeigen Sie sich im Verkehr mit Ihren Mitarbeitern gelassen, statt nervös. Verkehren Sie mit ihnen in guter Manier. Nur dann gewinnen Sie Achtung und Autorität. Seien Sie nie schulmeisterlich und pedantisch. Damit machen Sie die Leute nur unsicher und verderben ihnen die Freude an einer initiativen, eigenständigen, fruchtbaren Zusammenarbeit. Seien Sie gleichzeitig Lehrer und Schüler. Wer die Lernfähigkeit verliert, hat als Unternehmer alles verloren.

Herbert Casson mahnt uns zur Selbstbeherrschung. Er empfiehlt uns Gelassenheit und Ausgeglichenheit im Verkehr mit unseren Mitarbeitern. Je aufgeregter und aggressiver unser Gegenüber ist, desto ruhiger sollen wir reagieren. Das war auch meine Devise als Chef, ich stimme also Herbert Casson zu.

Andererseits sollen wir unsere Gefühle, auch die negativen, nicht immer übertünchen, verleugnen und verdrängen und in unser Unterbewußtsein versenken. Solche Scheingelassenheit kann uns auf die Dauer krank machen. Der verborgene Affekt wird zum Defekt. Der psychisch Gesunde nimmt sich auch heraus, zu seinem Ärger zu stehen, seine Betroffenheit zu zeigen. Er gibt sich nicht immer und überall als Elefant mit der undurchdringlich dicken Haut. Harmonie ja, aber nicht immer und unter allen Umständen, denn Selbstbeherrschung à tout prix führt uns in den Streß.

Niemand wird ohne Fehler geboren
Horaz

Beleidigen Sie niemals Ihre Mitarbeiter. Wenn sie Fehler machen und Sie sie korrigieren, vielleicht zurechtweisen müssen, so tun Sie das niemals vor andern. Ihre Mitarbeiter sollen Sie respektieren. Um dies zu erreichen, müssen Sie ihnen Vorbild sein.

Loben Sie, wenn Lob angebracht ist. Gerade, wenn Sie ein sehr anspruchsvoller Chef sind, der viel und immer noch ein wenig mehr verlangt, sollen Sie nie vergessen, die guten Seiten Ihrer Leute, ihre Qualitäten zu sehen und ausdrücklich zu anerkennen.

Und noch etwas: Tadeln und loben Sie immer sogleich. Eine Rüge wegen eines zehn Tage zurückliegenden Fehlers ist fehl am Platz. Der Betroffene weiß, daß Sie Ihren Groll so lange mit sich herumgetragen haben, ohne sich etwas anmerken zu lassen. Er fragt sich dann, was Sie sonst noch gegen ihn haben könnten. Sie sind ein verschlossener Mensch, und er mißtraut Ihnen.

Angenommen, Sie sind einmal mit einem Ihrer Angestellten oder mit einem Geschäftspartner uneinig, wie sollen Sie sich dann verhalten, wie handeln?

Nicht gleich ein Ultimatum!

In den meisten Fällen wird es richtig sein, nicht nach dem Prinzip «alles oder nichts» zu diskutieren. Beginnen Sie nicht gleich mit einem Ultimatum. Gehen Sie zuerst einmal auf den Standpunkt des andern ein und zeigen Sie ihm, daß er Ihnen nicht fremd ist. Dann bringen sie Ihre Gegenargumente vor. Lassen Sie den andern antworten und reagieren Sie dann so, daß eine Annäherung möglich ist. Wie weit decken sich die entgegengesetzten Ansichten? Wie ist ein vernünftiger Kompromiß möglich?

Wenn Sie ihn erreichen wollen, so reiten Sie nicht auf Nebensächlichkeiten herum. Es lohnt sich nicht und verdirbt nur die Atmosphäre. Es ist keine Schande, einen vernünftigen Kompromiß einzugehen. Dieser liegt zwischen Ihrem Ideal und dem praktisch Möglichen. Sie brauchen dabei Ihr Ideal nicht endgültig zu begraben.

Versprechen machen uns schuldig

Versprechen Sie wenig, aber halten Sie Ihre Versprechungen. Besonders wenn Sie am politischen Leben teilnehmen, ist dies eine goldene Regel. Es gibt immer Leute, die Sie kritisch beobachten, und es ist für Sie fatal, wenn sie Ihnen eines Tages nachweisen können, daß Sie Versprechungen nicht eingelöst haben. Ihre Worte werden nicht mehr ernst genommen.

Wenn man Sie mit Forderungen bestürmt, von denen Sie nicht wissen, ob Sie sie einhalten können, antworten Sie: «Ich will sehen, was sich da tun läßt.» Die Erfüllung bestimmter Begehren hängt ja oftmals von andern Menschen und Sachzwängen ab. Seien Sie also nicht leichtfertig in Ihren Versprechen. Ein gegebenes Versprechen wird zur Schuld, die getilgt werden muß.

Sorgen Sie in Ihrem Betrieb für einen sportlichen Geist. Das entflammt Ihre Mannschaft und spornt sie zu guten Leistungen an. England ist schließlich die Heimat des Sports. Wir spielen fair, ohne hinterhältige Tricks und ohne Grobheiten. Wir spielen um des Spieles willen. Und wir können ohne Groll und mit guter Miene verlieren. Sport hält uns und unsere Unternehmen fit.

Zu Cassons Zeiten war der Sport den höheren Gesellschaftsschichten vorbehalten. Heute ist er allen zugänglich und diese demokratische Öffnung ist erfreulich. Nur: Wie würde sich Herbert Casson zum heutigen Schausport stellen? Was würde er sagen zu Fußball und Eishockey, wo sich im Gegensatz zu Amateursportlern «gehandelte» Professionelle zu übersetzten Salären als Gladiatoren betätigen und Millionen unterhalten, Millionen sensationslüstern an den Bildschirm fesseln?

Fragwürdiger Schausport

Muß das sein, damit die Leute ihre Aggressionen loswerden können? Muß man Volksmassen auf diese Weise zufrieden halten? Gilt wieder die Maxime der alten römischen Herrscher «Brot und Spiele»? Die Fragen beschäftigen mich, und mir kommt immer wieder der Ausspruch eines großen deutschen Denkers und Sozialkritikers in den Sinn, der sagte: «Schausport verdummt».

Beurteilen Sie jeden Mitarbeiter, jede Maschine und jeden Arbeitsvorgang nach der Leistung. Das ist es, was zählt. Das ist der Anfang und das Ende dessen, was ich Efficiency nenne. Effizienz heißt, mit dem gleichen Aufwand ein besseres Resultat erreichen. Akkordarbeit hat gewiß ihre Schattenseiten, aber eigentlich wäre sie die gerechteste Art der Entlöhnung. Um unsere Mitarbeiter zu motivieren, sollten wir Überstunden extra bezahlen. Jeder sollte im Bewußtsein arbeiten, daß das Ergebnis zählt und honoriert wird. Effizienz heißt das Losungswort!

Nochmals: das Hohelied der Efficiency

Üben Sie sich in der Kunst des Entscheidens. Wenn Sie in grundsätzlichen Fragen von großer Tragweite Fehlentscheide vermeiden wollen, so beobachten Sie folgendes: Beschaffen Sie sich zuerst alle verfügbaren Fakten. Lassen Sie den Inhalt langer Exposés herunterdestillieren auf eine Schreibmaschinenseite. (Details können Sie immer noch nachschlagen). Schalten Sie eine Denkpause ein. Vielleicht überschlafen Sie das Problem, lassen Ihr Unbewußtes daran arbeiten. Es stimmt schon, daß der Herr es den Seinen im Schlaf gibt. Schieben Sie die Entscheidung aber nicht zu lange vor sich her. Sie könnten den günstigsten Zeitpunkt verpassen. Und seien Sie sich bewußt, daß es niemals eine hundert Prozent richtige Entscheidung gibt, es gibt nur die relativ beste. Selbst die Vertreter der exakten Wissenschaften sehen mehr und mehr ein, daß ihre Wahrheiten kaum je endgültig sind.

Die Kunst des Entscheidens

Den Seinen gibts der Herr im Schlaf (Bibelwort)

Beim Entscheidungsprozeß spielt die *Intuition* mit. Künstler und Kaufleute entscheiden oft intuitiv. Sie lassen sich inspirieren. Beim Nachdenken geht ihnen plötzlich ein Licht auf. Sie haben eine Eingebung, eine Idee. Intuition ergänzt und befruchtet das logische, vernünftige Denken. Von Albert Einstein stammt das Wort: «Was wirklich zählt, ist Intuition.»

Intuition – Wissen auf Vorrat

Aber was ist eigentlich Intuition? Nach Duden das unmittelbare, nicht diskursive, nicht auf Reflexion beruhende Erkennen, das Erfassen eines Sachverhalts oder eines komplizierten Vorgangs.

Die intuitive Lösung stammt aber nicht aus dem luftleeren Raum. Sie verlangt tiefes Nachdenken in der vorbereitenden Phase und als Rohmaterial einen Vorrat an gesammeltem Wissen. Je größer dieser ist, desto besser, desto zahlreichere Kombinationen sind möglich, desto originellere Lösungen lassen sich konstruieren.

Hin- und Herpendeln zwischen Gefühl und Verstand

Ein trainiertes Hirn kann bei gutem Bewußtseinszustand nun sehr schnell Verbindungen innerhalb dieses Wissensstoffes herstellen, es kann verknüpfen und kombinieren, es kann strukturieren und mögliche Problemlösungen hin- und herpendeln lassen zwischen Gefühl und Verstand. Das ist schöpferisches Denken. So lassen sich neue, bessere Lösungen herbeizaubern, von demjenigen, der vorbereitet ist. Wir gewinnen mit der Zeit mehr und mehr Sicherheit in diesem geistigen Spiel, im Wissen, daß uns jedesmal zukommt, was uns gehört.

Dieses ganze Buch ist dem Thema Efficiency gewidmet. Ich verstehe darunter eine Haltung, die lernbar ist. Es geht dabei um vier Eigenschaften, die Sie entwickeln müssen: zuerst einen gewissen Hang zum Perfektionismus; weiter brauchen Sie Phantasie, Organisationstalent und Durchhaltevermögen. Das bequeme Motto «Es reicht schon» müssen Sie vergessen.

Ohne Phantasie würde die Menschheit den Mut zum Weiterexistieren längst verloren haben
Christian Morgenstern

Phantasie bedeutet für mich die Fähigkeit, eine Situation ganzheitlich zu überblicken und einzelne Fakten miteinander zu verknüpfen. Wenn wir das Problem und seine Ursachen erfassen, stellen sich automatisch die richtigen Lösungen ein.

Erfolg dank Geduld

Der Organisator beherrscht die Kunst, Ideen zu realisieren, Leute auf ein Ziel hin zu führen und sie zu motivieren. Der Erfolg stellt sich aber erst dann ein, wenn Sie mit festem Standvermögen zäh durchhalten, ausdauernd und mit Geduld vorangehen und Ihre Leute auf das anvisierte Ziel hinführen.

Solange Sie leben, sollten Sie mit wachem, aufmerksamem Blick die menschliche Natur beobachten. Nach Darwin sind wir Tiere, die sprechen und über sich selbst nachdenken können.

Unsere Spezies zu vestehen und ihren Charakter zu durchschauen, wird immer wichtiger, nicht nur im Blick auf die Unternehmensführung, sondern auch darum, weil in unserem Zeitalter der Wissenschaft und Technik wir Menschen das Gesicht unseres Planeten gestalten. Wir haben bisher wichtige Fragen auf dieser Welt gelöst, doch die allerwichtigste, die uns immer mehr beschäftigen muß, ist die Frage nach dem Menschen und seinem Verhalten.

Wir selbst bestimmen unsere Zukunft. Wir können nur hoffen, daß es eines Tages gelingen wird, die Geheimnisse der menschlichen Natur zu durchschauen, sie zu erkennen, sie quasi auf eine mathematische Formel zu bringen.

Die menschliche Natur, eine mathematische Formel?

Ich teile Herbert Cassons Hoffnung, die menschliche Natur auf eine mathematische Formel zu bringen, keineswegs. Wohl ist es bewundernswert, wie Computer Informationen speichern, wie sie kombinieren und komplizierte Aufgaben lösen. Herbert Casson ahnte scheinbar oder wünschte sich, daß es eines Tages Denkmaschinen geben würde, welche die menschliche Persönlichkeit in Zahlen auflösen und sie uns mathematisch darstellen. Hochbegabte Wissenschaftler arbeiten auf dieses Ziel hin. Der Computer soll unser Wissen und Können vervielfachen und schließlich sprechen lernen und ganz allgemein die menschliche Intelligenz eines Tages übertreffen. Ist das wirklich wünschbar? Ich zweifle.

Unheimlich, wenn Computer über Weltpolitik und Krieg entscheiden

Ich gehöre zu jenen, die zweifeln an der Möglichkeit, Computer zu konstruieren, deren Leistungen unser Gehirn übertreffen, das immer noch so viel feinnerviger ist, vielfältiger kombinieren, besser verstehen und differenzierter entscheiden kann als alle Denkmaschinen. Die Vorstellung, daß wir einmal durch diese Genie-Prothesen, diese seelenlosen Datenverarbeiter, welche ihre eigenen Erfinder ersetzen und sie schachmatt setzen könnten, versklavt werden, ist unheimlich. Wohin führt uns eine Intelligenz ohne Moral?

Unternehmer – bloß von Geld angezogen?

Ihren Erfolg verdankt die westliche Welt weitgehend ihren Wirtschaftsführern, die es verstehen, natürliche Ressourcen zu nützen und menschliche Arbeitskraft viel würdiger als früher einzusetzen
J. F. Kennedy

Ich will nicht behaupten, Unternehmer seien schlechterdings die Schöpfer unserer Kultur, aber sicher tragen sie viel zu ihrer Entwicklung bei, ja, ohne sie wären große kulturelle Leistungen nie entstanden. Sie fördern alle Künste, die Malerei, die Literatur, das Theater, die Musik. Sie haben unseren Wohlstand geschaffen und verdienen dafür erst recht unsere Anerkennung. Die Entwicklung unserer Zivilisation ist ihr Werk und das der Wissenschaft. Sie haben Großartiges geleistet im Kampf gegen die Armut. Die Leader unseres industriellen Zeitalters sind reich, aber sie sind unterbezahlt für das, was sie leisten. Sie sind die Wegbereiter unserer Prosperität.

Ein großes Lob für die Unternehmer, eine Rechtfertigung ihrer Einkommen und indirekt ein Aufruf, sie materiell noch besser zu belohnen.

Was hat Casson dazu bewogen? Einfach die Tatsache, daß man Wirtschaftsführern ihr hohes Einkommen mißgönnen könnte, ihre guten Taten unterschätzt, diese als selbstverständlich hinnimmt? Oder will er seinen Freunden und Klienten einen Gefallen tun, ihnen einen Dienst erweisen, sich bei ihnen beliebt machen? Wendet er sich gegen den Neid der Besitzlosen, weil doch Neid «das gefährlichste Laster» ist? (Karl Jaspers)

Die Anhäufung von Reichtümern kann den Menschen entsittlichen
Tolstoj

Wenn einmal unsere Grundbedürfnisse befriedigt sind, wir dazu noch einen «Wahlbedarf» zu decken vermögen, in Luxus leben und darüber hinaus für unsere Zukunft gesorgt ist, wozu dient dann dem Gehaltsempfänger sein zusätzliches Einkommen? Dem schieren Besitzerglück? Ist es eine Art gieriger Aneignung der Welt, ein Bedürfnis, sich immer mehr Dinge «einzuverleiben»? Erhoffen wir uns durch Besitz Prestige? Wir haben's und vermögen's.

Oder – so könnte der Psychologe vielleicht weiterfragen – schafft unser Besitz uns über den flüchtigen Moment hinaus Geborgenheit, Unzerstörbarkeit, unbewußt sogar einen Anflug von Unsterblichkeit? Man denke an die ägyptischen Pharaonen und ihre Pyramiden, die jeweils mit allem ausgestattet wurden, was die Herrscher nach damaligem Glauben in ihrem Leben nach dem Leben nötig haben könnten.

Solche Vergötterung des Materiellen kann Zeichen einer Angst vor innerer Unsicherheit und Leere sein, eine Angst, die solche Menschen nicht kennen, deren Existenz gleicherweise vom Handeln und seinem materiellen und immateriellen Lohn und der Daseinsfreude erfüllt ist. Auch Herbert Casson empfiehlt uns ja immer wieder, nach dem Gleichgewicht zu suchen, das nur im dynamischen Wechselspiel zwischen Haben und Sein zu finden ist. Dann haben wir keine Angst, daß unser Erworbenes einmal in Staub zerfallen und von Motten gefressen wird.

Mit diesen Bemerkungen zur Philosophie des Geldverdienens will ich mich nicht etwa für eine egalitäre Gesellschaft einsetzen. Nein, nein, der Mensch ist kein uniformes Wesen. Wir brauchen ungewöhnliche, überdurchschnittlich zu belohnende Persönlichkeiten, Eliten – sonst verarmen wir. Jedem das Seine!

Wege zum Erfolg

Ich sage es nochmals: Sie sollten sich stets bemühen, so zu denken und zu arbeiten wie die Wissenschaftler.

So etwas wie wissenschaftliche Führungsarbeit gibt es immer noch nicht.
Henry Mintzberg, 1973

Was heißt das? Es heißt, daß Sie nicht von Fall zu Fall entscheiden sollten, je nach Ihrer Stimmung und Laune. Ihr Urteil muß fundiert sein.

Wissenschaftler beobachten, sammeln Tatsachen, experimentieren, kommen dann zu Hypothesen, verifizieren sie und gelangen schließlich zu ihren wahren «Wenn-dann-Sätzen», zu ihren gültigen, sinnvoll aufeinander bezogenen Grundgesetzen. Diese allgemein zutreffenden Theorien geben ihnen dann die Möglichkeit, einzelne Vorgänge zu durchschauen, zu erklären, voraussagbar zu machen und sichere und fundierte Problemlösungen zu finden.

Nehmen wir als Beispiel den Gärtner, der aus praktischer Erfahrung weiß, wie er mit Pflanzen umgehen muß. Ihm überlegen ist der Botaniker, der die Grundgesetze seiner wissenschaftlichen Disziplin kennt und daher über tiefere Einsichten in die Geheimnisse der Pflanzenwelt verfügt. So kann er vieles begreifen und erklären, was dem Gärtner unverständlich bleibt.

Wer mehr versteht, kann in größeren Zusammenhängen und daher sicherer erkennen, denken und entscheiden. Handeln Sie darum nicht nur pragmatisch, wenn dies auch oft notwendig ist. Konzentrieren Sie sich bei Ihrer Arbeit nicht nur auf die Tagesprobleme, sondern bemühen Sie sich immer, die größeren und entscheidenden Zusammenhänge, das Grundsätzliche und Allgemeingültige zu erfassen. Das ist wissenschaftliche Arbeit.

Jeder Manager, gleichgültig wo immer er tätig ist, hat vier Aufgaben: Er muß *planen, organisieren, realisieren* und *kontrollieren.*

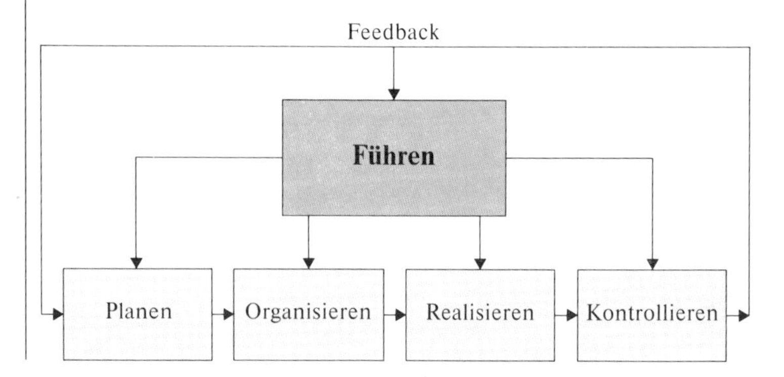

Nehmen wir als Beispiel eine Fußballmannschaft. In der ersten Phase plant der Manager die Spielsaison, in der zweiten organisiert er seine Mannschaft, in der dritten realisiert er die Trainingsarbeit, in der vierten kontrolliert er das Spiel und die Spieler im Laufe des Matches, korrigiert Fehler, erteilt Weisungen, sorgt dafür, daß die Spieler seine taktischen und technischen Ratschläge befolgen. Und dies alles auf ein einziges Ziel hin: Tore zu schießen.

Auch in einem Wirtschaftsunternehmen gibt es ein letztes Ziel: der Reingewinn. Auch er muß geplant sein. Er macht verschiedene organisatorische Maßnahmen notwendig. Der Manager muß dafür sorgen, daß die Organisation funktioniert. Er muß seine Mitarbeiter motivieren und inspirieren. Er ist die Lokomotive am Kopf des Zuges, und die Kraft, die er dort entwickelt, entspringt seinem Wünschen und Wollen, und ist das Resultat seiner inneren Visionen.

Letztes Ziel: Reingewinn

Manager leben von Visionen

Wenn Sie Führungsaufgaben wahrzunehmen haben: Verzetteln Sie nie Ihre Kräfte. Es ist unmöglich, überall gleichzeitig zu sein. Sie müssen dort eingreifen, wo Sie gebraucht werden, statt Ihr Auge wohlgefällig dorthin zu richten, wo zu Ihrer Zufriedenheit gearbeitet wird und alles rund läuft. Konzentrieren Sie sich vorzugsweise auf die Schwachstellen in Ihrem Unternehmen.

Zu recht sagen die Techniker, der wichtigste Teil einer Maschine sei die lose Schraube. Fabrikations- und Handels-Betriebe sind wie Maschinen: sie müssen überwacht und unterhalten werden. Dann und wann sind Reparaturen nötig. Manchmal genügt es, einzelne Teile zu ersetzen, dann wieder ist eine Totalrevision fällig. Wie schon gesagt: Es ist angenehmer, sich an dem zu freuen, was in Ordnung ist, als mit der nötigen Energie dort Remedur zu schaffen,

wo etwas nicht stimmt. Kritik ist ein notwendiges Übel und eine üble Notwendigkeit.

Wenn Ihr Unternehmen wächst, werden Sie dezentralisieren müssen. Wie weit Sie dabei gehen sollen, ist gar nicht so einfach zu entscheiden. Ich kenne Unternehmen, die aus zu vielen unabhängigen Königreichen bestehen mit divergierender, sogar gegenläufiger Politik. Andererseits hat Dezentralisation ihre Vorteile. Sie läßt eine wuchernde Bürokratie nicht aufkommen und gewährt dem Einzelnen mehr Spielraum, gibt ihm größere Entfaltungsmöglichkeiten und erhöht dadurch seine Einsatzfreude.

Dreißig kleine Profit-Centers sind produktiver als ein starrer bürokratischer Koloß. Reglementierung und Bevormundung lähmen die Initiative und verunmöglichen flexibles, rasches Handeln. Delegieren Sie also Verantwortung. Geben Sie Ihren Abteilungschefs ein Höchstmaß an Freiheit. Aber achten Sie darauf, daß diese wirklich kompetent sind und helfen Sie ihnen, ihre Kompetenz zu mehren.

Stabs- und Linienfunktionen

Reden wir einmal über Stabsfunktionen und Linienfunktionen. Der Begriff Stab wurde ursprünglich beim Militär verwendet. Der Stab ist das Hilfspersonal des Kommandeurs vom Bataillon an aufwärts. In Wirtschaftsunternehmen sind die Stabsleute die Angehörigen des obersten Managements. Es sind meistens Spezialisten, und es braucht sie.

Wir müssen aber ihre Macht begrenzen und ihre Zahl beschränken. Der Stabsmann weiß zwar mehr über bestimmte Disziplinen, aber sein Blickwinkel ist deshalb eingeschränkt und umfaßt nicht das Ganze. Beim Mitarbeiter, der eine Linienfunktion ausübt, ist das umgekehrt, sein Horizont ist weiter, er weiß wenig über viel, im Gegensatz zum Stabsmann, der viel über wenig weiß. Geben Sie Ihren Stabsleuten nicht zuviel Autorität.

Zahlen belehren uns, ob die Welt gut oder schlecht regiert wird *(Eckermann im Gespräch mit Goethe)*

Bleiben Sie immer kostenbewußt. Studieren Sie die Zahlen, bevor Sie handeln. Die Grundkosten zu errechnen ist einfach. Bei den allgemeinen Unkosten wird es schwieriger, undurchsichtiger. Verlassen Sie sich nicht auf Schätzungen. Wer das tut, riskiert eine enttäuschende Bilanz.

Das genaue Erfassen der Kosten ist eine Aufgabe Ihrer Finanzabteilung. Sie brauchen dort Spezialisten. Wenn die richtigen Leute an der Arbeit sind, verdienen sie Ihr Vertrauen. Seien Sie ein vertrauensvoller Chef – aber kein vertrauensseliger.

Vertrauensvoll – aber nicht vertrauensselig

So mancher große Manager ist gestolpert, weil er sich nicht genügend um die Zahlen, um das Rechnungswesen und die Buchhaltung kümmerte. Die Sicherheit des Betriebes verlangt Ihre Aufmerksamkeit im Bereich der Zahlen. Ihre Zeit ist dort gut investiert.

Es gibt mehr Arten, auf die man sein Geld verlieren kann, als Worte in einer Sprache
Herbert Casson

Zeit ist unser kostbarstes Gut, tragen Sie ihr Sorge. Teilen Sie ihre Zeit ein, machen Sie einen Jahresplan, einen Monatsplan, einen Tagesplan. Von diesen Zeitplänen ist der letzte am wichtigsten, denn was zählt, ist die Gegenwart. Die Zeit kommt in Tagesrationen, und sie zerrinnt in nichts, wenn wir sie nicht nützen. Wir haben keine Zeit zu verlieren, wir brauchen jeden Tag, um aus unserem Leben etwas zu machen. Planen Sie jeden Arbeitstag spätestens am Vorabend.

Jeder macht gelegentlich Fehler. Nur wer nichts tut, bleibt davor verschont. Wichtig ist, daß Sie Fehler eingestehen, statt versuchen, sich mit durchschnittlichen Entschuldigungen herauszureden. Wenn Sie Fehler zugeben, wird man sie Ihnen viel eher verzeihen, als wenn Sie sich auf verlorener Position zu verteidigen suchen. Zuwenig Menschen haben den Mut zu sagen: «Es ist meine Schuld, ich habe da etwas falsch gemacht.» Schade! Rechthaberische Leute sind unsympathisch.

Ohne unsere Fehler sind wir Nullen
Henry Miller

Sobald ein Problem auf Sie zukommt, entscheiden Sie, wieviel Zeit Sie ihm widmen wollen, welchen Aufwand es wert ist. Setzen Sie Ihre Zeit und Ihre Nervenkraft dort ein, wo es sich bezahlt macht. Geben Sie sich nicht lang mit

Sich Zeit nehmen! Aber wieviel?

Unbedeutendem ab, fragen Sie sich ganz kühl: Welches Gewicht hat diese Sache? Wieviel meiner kostbaren Zeit darf ich investieren? Es gibt Fragen, denen Sie sich einen Monat lang zuwenden müssen und andere, die Sie minutenschnell beantworten sollten.

Distanz halten

Dazu brauchen Sie Distanz; sie sichert Ihnen Ruhe und die richtige Optik. *Andrew Carnegie* lebte zweihundert Meilen von seinen Stahlwerken entfernt und *Rockefeller* dirigierte seine Ölpumpen und Raffinerien ebenfalls aus einer Entfernung von zweihundert Meilen.

David Ogilvy, der Gründer einer der größten Werbeagenturen der Welt, läßt es sich wohlsein auf seinem herrlichen Schloß in Frankreich. Ein Ticker verbindet ihn mit seinem Hauptsitz in New York. Der Souverän über ein weltweites Netz von Werbeagenturen braucht Souveränität. Distanz beruhigt und schärft das Auge für das Wichtige.

Gewohnheit, Sitte und Brauch sind eben stärker als die Wahrheit
Voltaire

Der Mensch ist ein Gewohnheitstier. Gewohnheit ist seine zweite Natur. Die meisten Menschen sind zwar für das Neue – vorausgesetzt, es ist wie das Alte. Wenn Sie also in Ihrem Betrieb Neuerungen einführen wollen, dabei aber nicht auf Ablehnung und Widerstand stoßen oder sabotiert werden möchten, erklären Sie Ihren Leuten das Warum und Wieso. Die Betroffenen sollen wissen, was Sie erreichen wollen und was die verbesserte Arbeitsweise dem Einzelnen und dem Betrieb bringt. Die Neuerung muß auf einer Welle des guten Willens lanciert werden. Denken Sie sich in Ihre Mitarbeiter hinein: Jeder mündige Mitarbeiter hat doch das Recht zu wissen, was Sie mit ihm vorhaben.

Die Zeitung hat die Hand am Puls der Zeit. Nützen Sie sie als Ihren Nachrichtendienst. Wenn Sie Zeitung lesen, so merken Sie sich die Informationen, die für Sie und Ihren Betrieb wichtig sind. Sie können dabei Vorwarnungen registrieren, neue Trends erkennen, Zukünftiges voraussehen und die entsprechenden Vorkehrungen beizeiten treffen.

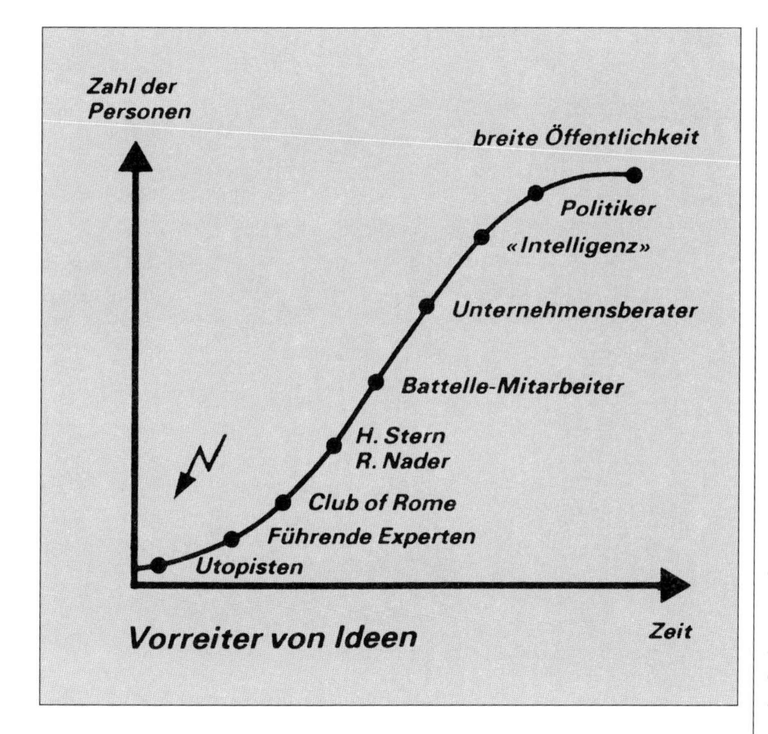

Das Batelle-Institut empfiehlt Unternehmen, ein Führungssystem aufzubauen. Durch laufende Beobachtung sollen soziale, wirtschaftliche und technologische Entwicklungen rechtzeitig erkannt werden. Sie tauchen bei den «Vorreitern von Ideen» zuerst auf, verbreiten sich stufenweise weiter und manifestieren sich schließlich in der Politik und in der Öffentlichkeit, von woher dann zunehmend stärkerer Druck auf Wirtschaftsunternehmen entstehen kann.

So ist die Zeit, die Sie der aufmerksamen Lektüre von Zeitungen und Zeitschriften widmen, gut investiert. Beim Zeitunglesen können Sie jedenfalls mehr über die Zukunft erfahren als bei der Wahrsagerin!

Ich sehe nichts, höre nichts, sage nichts

Nörgler und Pessimisten im Betrieb können entmutigend wirken. Andererseits aber machen sich in manchen Unternehmen vorzugsweise solche Mitarbeiter beliebt, die dem Chef unterwürfig und schmeichlerisch begegnen, mit einer lächelnden Maske umhergehen, keine Kritik üben und vor noch so großen Ungereimtheiten die Augen verschließen. Dieser Zustand der Konfliktunfähigkeit ist alles andere als ideal, denn gute Nachrichten fordern kein Handeln, keine Eingriffe, schlechte aber immer.

Umgeben Sie sich nicht mit blassen Ja-Sagern. Sorgen Sie dafür, daß Ihnen auch schlechte Nachrichten zu Ohren

TALK BACK TO THE BOSS.

It's one of Dana's principles of productivity
Bosses don't have all the answers. The worker who does the job always knows more about it than his boss. But all that he knows can't be used unless he's free to talk about it. Especially to his boss.
At Dana, bosses listen. It's part of what we call humanistic management, giving people the freedom to work well, to grow and to share the rewards.
You can see the results in our productivity. It's more than doubled in the last 7 years.
Productivity alone doesn't produce profits. But we're balancing our output of parts for the vehicular, service and industrial equipment markets we manufacture for. So, as well as increasing productivity, we've improved our earnings year after year.
And that's not bad for a bunch of people who talk back to their bosses.
Dana Corporation, Toledo.

It's one of Dana's principles of productivity
Bosses don't have all the answers. The worker who does the job always knows more about it than his boss. But all that he knows can't be used unless he's free to talk about it. Especially to his boss.
At Dana, bosses listen. It's part of what we call humanistic management, giving people the freedom to work well, to grow and to share the rewards.
You can see the results in our productivity. It's more than doubled in the last 7 years.
Productivity alone doesn't produce profits. But we're balancing our output of parts for the vehicular, service and industrial equipment markets we manufacture for. So, as well as increasing productivity, we're improved our eamings year alter year.
And that's not bad for a bunch of people who talk back to their bosses.
Dana Corporation, Toledo.

«Reden Sie mit dem Boss.» So lautete eine Regel der DANA Corp., mit der sie ihre Produktivität steigert. Der Boss weiß nie alle Antworten. Der verantwortliche Mitarbeiter weiß immer mehr. Aber das nützt nur dann etwas, wenn er die Freiheit hat, offen über seine Erfahrungen zu reden, besonders mit seinem Vorgesetzten.
(Eine Anzeige der DANA Corp., Toledo; Kurzfassung des Textes)

kommen. Ihre Leute sollen Ihnen auch Unerfreuliches melden. Je rascher Sie wissen, daß etwas klemmt, umso besser für sie, für den Betrieb und für die Mitarbeiter. Wenn sich nur «good news» verbreiten, werden die Leute selbstzufrieden, während «bad news» Aktivitäten und schöpferisches Handeln fordern.

Dulden Sie keine Verspätungen. Wenn Ihr Unternehmen Lieferfristen nicht einhält, so müssen Sie auf der Stelle die Ursachen herausfinden. Was führte zur Verzögerung? Wäre sie vermeidbar gewesen? Was ist zu unternehmen, um in Zukunft ähnliches Versagen zu verhüten? Betrachten Sie Verspätungen immer als Symbole kränkelnder und behandlungsbedürftiger Organe in Ihrem Betrieb. Irgendwo hat die Organisation versagt. Sie müssen den Ursachen nachgehen, als Therapeut zur Stelle sein. Nichtstun macht die Sache schlimmer.

Streß vermeiden, notfalls damit leben lernen

Zuviele schwer belastete Unternehmer und Manager arbeiten sich krank. Wenn der Pendenzenberg höher und höher wird, wächst damit ihre innere Belastung. Sie werden nervös und riskieren psychosomatische Störungen.

Sie können diese ungute Situation durch verschiedene Maßnahmen aus der Welt schaffen: Sie können nach Feierabend am Schreibtisch ausharren, Überzeit leisten. Oder Sie können organisatorische Verbesserungen treffen, was zweifellos richtiger ist.

Welcher von Ihren Mitarbeitern kann etwas von dem Zuvielen übernehmen, das Sie jetzt überbelastet? Geben Sie sich mit der Lösung nicht zufrieden, bis der Normalzustand wieder hergestellt ist, Sie Ihr Tagespensum am Abend erledigt haben.

Noch ein Tip: Machen Sie es sich zur Gewohnheit, jedes Papier, jedes Aktenstück nur einmal zur Hand zu nehmen, statt es bloß flüchtig zu betrachten und dann in den Pendenzenkorb abzuschieben. Nichts streßt uns mehr als Unerledigtes.

Die Streßanfälligkeit hängt u. a. auch von Ihrer körperlichen Konstitution ab

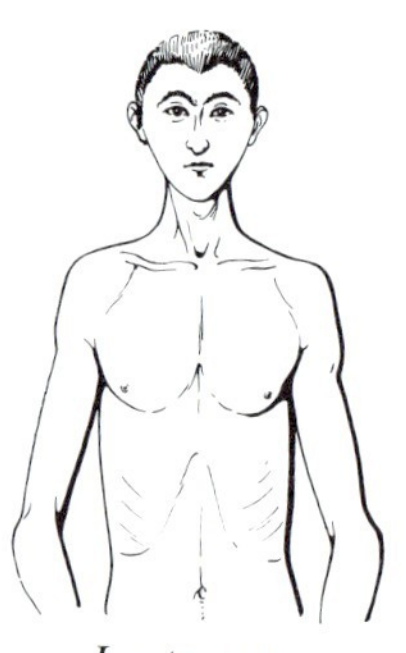

Leptosomer (asthenischer) Typ

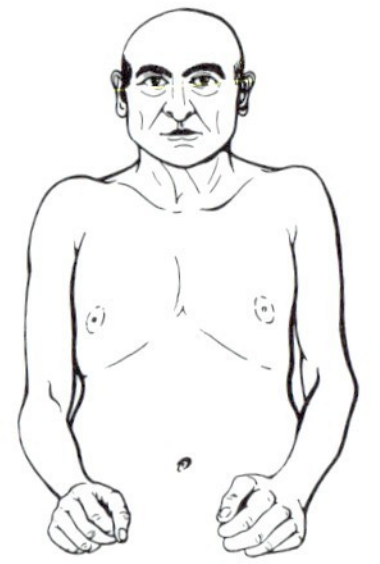

Pyknischer Typ

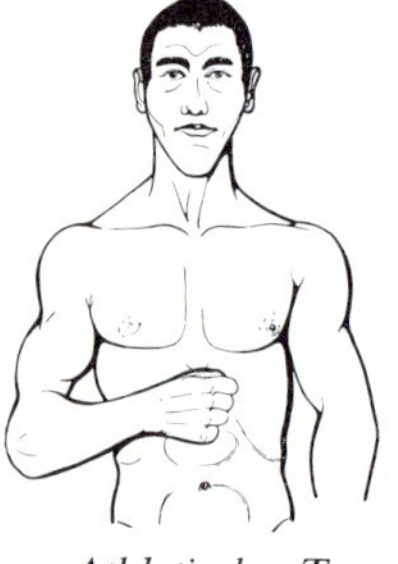

Athletischer Typ

«Streß» habe ich eben in Cassons Text eingeschmuggelt. Den Ausdruck gab es natürlich zu Cassons Zeiten noch gar nicht. Er stammt vom Wiener Arzt *Hans Selye,* der später nach Kanada auswanderte und dort an einer Universität lehrte. Das Phänomen Streß ist besonders vielbeschäftigten Managern bekannt und zu recht gefürchtet, wird es doch heute als eine der Ursachen vieler Kreislaufstörungen angesehen. Schuld sind Arbeitsüberlastung, psychischer Daueralarm, Hetze, Angst, Sorgen, Konflikte, Ärger und andere Störfaktoren.

Ursprünglich hatte Streß im menschlichen Leben eine durchaus positive Funktion. Er sollte in Notfallsituationen gewisse Abwehrreaktionen auslösen. Er diente der Überlebenshilfe, indem er die Sekretion von Wirkstoffen gewisser Organe anregte und uns zu rascher und kraftvoller Abwehr befähigte. Heute aber, in unserer hochtechnisierten Welt, ist das Streß-Geschehen vielfach entartet und zu unserem Feind geworden; es kann ernste psychosomatische Beschwerden verursachen, vor allem, wie gesagt, Kreislaufstörungen.

Was ist zu tun? Art und Organisation unserer Arbeit können Streß mehren oder mindern. Noch mehr gilt dies für unsere psychische Einstellung. In den vielen Fällen, wo Streß nicht zu vermeiden ist, müssen wir lernen, damit zu leben, indem wir Gemüt und Geist freimachen und Ruhe suchen in unserer inneren Welt.

Zu beachten ist, daß Streßtoleranz und Streßresistenz unterschiedlich sind und von unserer Konstitution abhängen können: Der leptosome und asthenische Typ – schlank, langknochig mit geringer Muskulatur – hat eine niedrige Empfindlichkeitsschwelle und ist für Streß besonders anfällig. Er kann seine Streßneigung schon dadurch herabsetzen, daß er sich dieser Tatsache bewußt ist und sich entsprechend organisiert. Gegebenenfalls stehen ihm psychotherapeutische Methoden zur Verfügung, wie sie in diesem Buch angedeutet sind, zum Beispiel im Abschnitt über autogenes Training.

Dem Streßgefährdeten wird empfohlen, regelmäßig in der Stille zu meditieren, manchmal aber sich gerade umgekehrt zu verhalten, nämlich Frustrationen rasch und laut abzureagieren, also gelegentlich zu schimpfen, wenn er sich ärgert. Wenn das am Arbeitsplatz nicht angeht, soll er spätestens abends auf dem Heimweg alleine im Auto vor sich hinwettern. Das riet mir vor Jahren ein bekannter Therapeut. Ich bekenne, daß ich diese Methode nur in Notfällen praktiziert habe. Was mir fast immer geholfen hat, war jedoch Schwimmen im See oder im Hallenbad.

Organisieren Sie sich so, daß unvorhergesehene Krisen bewältigt werden können. Haben Sie die für solche Fälle erforderlichen Geldmittel, steht Ihnen genügend Bankkredit zur Verfügung, können Sie auf den nötigen Goodwill zählen bei Ihren Kunden, Ihren Lieferanten, den Behörden, den Mitarbeitern? Was für kompetente Berater stehen Ihnen zur Seite? Genügende Krisenvorsorge erhöht Ihre Streßresistenz und kann für Ihr Unternehmen lebenswichtig sein.

Betrieblicher Frühjahrsputz

Hausfrauen haben ihren Frühjahrsputz. Machen Sie es ihnen nach. Striegeln Sie jährlich einmal Ihren Betrieb. Nehmen Sie sich vor, während einer Woche im Jahr jede Abteilung Ihres Unternehmens und die Arbeit, die dort geleistet wird, kritisch zu überprüfen. Sie werden dann unzeitgemäße Gewohnheiten entdecken, die sich eingenistet haben, ineffizienten Arbeitsabläufen auf die Spur kommen. Je rascher Sie veraltetes Denken und Tun bemerken und korrigieren, desto besser.

Am besten ist es, wenn Sie selbst sich an dieser «Frühjahrsreinigung» beteiligen, diese persönlich überwachen. Wenn Sie nämlich diese Aufgabe gänzlich irgendwelchen Untergebenen überlassen, riskieren Sie, daß diese ein Auge oder gar beide zudrücken, weil Sie bei allen Mitarbeitern Liebkind sein möchten. Der «Frühjahrsputz» in der Firma ist Sache des Mannes an der Spitze. Er soll jedoch alle aufmunternd einbeziehen: Jeder soll Gelegenheit zu Verbesserungs- und Entstaubungsvorschlägen haben.

Ihr Geld

Sie müssen lernen, zu Geld zu kommen und es richtig zu verwenden. Das klingt etwas primitiv: Ich will damit nicht den Besitz vergöttern. Aber arm dahinzuleben kann niemandes Ziel sein. Zugunsten der Armut läßt sich wirklich nichts sagen. Die Armut ist ein Jammer.

Geld gibt Ihnen die Möglichkeit, dort zu leben wo es Ihnen beliebt und so zu leben, wie Sie es gern möchten. Geld läßt Sie Ihre Wünsche erfüllen. Es gibt Ihnen ein größeres Maß an Freiheit und Unabhängigkeit. Sie können reisen und sich die Welt anschauen. Sie können Ihren Kindern eine gute Erziehung angedeihen lassen. Sie leben geistig und materiell auf einer höheren Ebene, wenn Sie genug Geld besitzen.

Zum Sparen braucht es Mut; tausenderlei Versuchungen locken

Der Wille zu sparen, das ist ein wichtiger Schritt auf dem Weg zu Ihrem Wohlstand. Wenn Sie laufend ausgeben, was Sie verdienen, folgt Ihnen die Armut immer auf dem Fuß. Sie müssen solange eisern sparen, bis Sie 1000 (alte!) Pfund auf der Bank haben. Als Kraftreserve und Schwungrad, das es Ihnen möglich macht, über holprige Stellen Ihres Lebensweges problemlos hinwegzukommen. Sie brauchen diesen Schutz. Geld macht frei und sicher.

Wenn Sie ein eigenes Geschäft haben, sollte sich das investierte Kapital zu mindestens 12 % verzinsen. Dann können Sie ganz vorsichtig Kredit aufnehmen. Es ist unklug, mit geborgtem Geld sich selbständig zu machen. Sobald Ihnen aber das investierte Geld 12 % Rendite einträgt und Sie Ihre Kapitalbasis gern erweitern möchten, wird Ihre Bank mit sich reden lassen.

Cassons immer neue Mahnung: Nur mit Reingewinn kann ein Unternehmen überleben

Behalten Sie immer den Reingewinn im Auge. Es gibt verschiedene Ziele, die Sie in einem Unternehmen verfolgen können, beispielsweise die Erhöhung des Umsatzes oder des Marktanteils. Seien Sie auf der Hut; das Wichtigste, das eigentliche «must», ist immer und ohne Ausnahme der Reingewinn. Wenn Sie das vergessen, können Sie Schiffbruch erleiden.

Geld ausleihen? Lieber nicht!

Geben Sie andern Geld, aber leihen Sie nie welches. Sobald Sie als wohlhabend gelten, werden Sie angepumpt. Die Leute, die es auf Ihr Geld abgesehen haben, sind meistens Parasiten.

Sie sollten andererseits in wirklichen Notfällen niemals hartherzig sein, aber Sie müssen auch lernen, deutlich und definitiv nein sagen zu können. Überlassen Sie es den Banken und den Pfandleihern, über Kreditgesuche zu entscheiden. Sie kennen sich da besser aus als Sie. Sie verstehen auch besser, sich vor Verlusten zu schützen.

Übrigens leisten Sie jenen, die von Ihnen Geld borgen wollen, einen Bärendienst, wenn Sie schwach werden und es ihnen einfach hinwerfen; Sie verstärken nur ihre Neigung, weiter in Illusionen zu leben oder sich auf Kosten anderer das Leben bequem zu machen, statt zu arbeiten. Wer sich dauernd mit Darlehen durchschlängelt, verliert sein Selbstvertrauen, sein Selbstwertgefühl und endet als Charakterlump.

Besitz bringt Sorgen. Wenn Sie den schwankenden Wert Ihres Vermögens grafisch darstellen, so verläuft die Kurve nicht immer nach Ihrem Geschmack, sie schlägt nach oben und unten aus. Wichtig ist, daß Sie dabei Ihren Gleichmut bewahren.

Spekulieren? Casson warnt

Halten Sie es nicht mit den Leuten, die nervös die Börsenkurse verfolgen und bei kleinen Ausschlägen flugs verkaufen oder kaufen. Lassen Sie sich von langfristigen Überlegungen leiten, wenn Sie Ihr Verdientes anlegen. Untersuchungen haben bewiesen, daß konservative Anleger, die ihren sorgsam gewählten Wertpapieren treu bleiben, in der Regel einen größeren Vermögenszuwachs verzeichnen als ruhelose Spekulanten.

Vorsicht: Wer Schulden hat, der muß auch lügen
Herodot

Kaufen Sie immer nur nach Ihren finanziellen Möglichkeiten. Was Sie kaufen an Wertschriften und anderen Anlagewerten, müssen Sie bezahlen können. Die meisten Bankrotte hätten vermieden werden können, wenn sich die Betroffenen an diese einfache Regel gehalten hätten. Schulden können Ihnen schlaflose Nächte bringen. Geld soll Sie nie beherrschen und versklaven, es soll für Sie nur eines bedeuten: Freiheit und die Möglichkeit der Selbstentfaltung.

Sparen ist für Casson eine Tugend, an die er oft gemahnt hat. Der frühere *Bundespräsident Heuß* hat dies einmal so treffend umschrieben, daß ich mir erlaube, seine Definition hier einzuschieben: «Sparen ist die richtige Mitte zwischen Geiz und Verschwendung.»

Viele Leute sind reich geworden, weil sie auch im Kleinen zu sparen verstanden, weil sie budgetierten und dabei ihre vorgesehenen wöchentlichen Ausgaben mit zweiundfünfzig multiplizierten. Wir sind meist erstaunt, wenn wir ausrechnen, auf wieviel sich so kleine Beträge am Ende des Jahres summieren.

Tragen Sie Sorge zu Ihrer Kreditwürdigkeit. Zahlen Sie pünktlich, dann genießen Sie Kredit, wenn Sie ihn einmal brauchen. Kreditwürdigkeit kann zum lebenswichtigen Aktivposten in Ihrer Bilanz werden.

Dazu fällt mir ein Satz des Theaterkritikers und Possenschreibers *Oskar Blumenthal* (1852–1917) ein, den Casson nicht kennen konnte, dessen Aussage aber so gut zum Thema paßt, daß ich sie dem Leser nicht vorenthalten möchte: «Von allen Fähigkeiten steht in aller Welt die Zahlungsfähigkeit obenan.»

Wenn Sie wohlhabend geworden sind, übernehmen Sie gewisse soziale Verpflichtungen. Der Moralkodex der Reichen sieht nach meiner Überzeugung so aus:

1. Wer Geld verdienen will, soll das tun, indem er eine ehrliche Leistung erbringt, die andern nützlich ist.

2. Er muß sich verantwortlich fühlen für die Wohlfahrt und das Wohlergehen seiner Mitarbeiter.

3. Er muß sich um den guten Ruf seines Unternehmens *und* der ganzen Branche kümmern.

4. Er muß sich hilfsbereit zeigen gegenüber wohltätigen Organisationen und auch kulturelle Anliegen fördern.

Ihr Ziel

Sobald Sie ins Berufsleben eintreten, sollten Sie sich ein Ziel setzen und dann Schritt für Schritt planmäßig auf dieses zugehen. Sie müssen sich auf Ihr Vorhaben konzentrieren, alle Chancen wahrnehmen. Und Sie sollten sich dabei als begeisterter Bergsteiger erweisen: nicht auf dem ersten Gipfel sitzen bleiben, sondern gleich den nächsten in Angriff nehmen. Wenn Sie das nicht tun, vergeuden Sie Ihre Zeit und leben stumpf dahin wie ein Tier im Zoo. Seien Sie ein Bergsteiger – ein Bergsteiger auf Dauer.

Das Jetzt und Hier ist unsere Chance

Seien Sie realistisch. Beginnen Sie dort, wo Sie jetzt sind. Holen Sie das Maximum aus Ihrem heutigen Job heraus. Lassen Sie sich nicht mal hierhin, mal dorthin treiben nach der Art bequemer Leute. Es ist eine Ausrede, immer zu behaupten, woanders wäre es besser. Es kann notwendig sein, eine Pflanze von einem kleinen Topf in einen großen umzupflanzen, aber das sollte erst geschehen, wenn sie wirklich im kleinen Topf nicht mehr Platz hat. Sie müssen in Ihrer gegenwärtigen Tätigkeit wachsen, nach und nach darüber hinauswachsen und dann vielleicht wechseln.

Sie können schneller vorwärtskommen als Ihr Vater. Wir leben im goldenen Zeitalter der Jugend. Die Welt verändert sich rascher als früher und neues Wissen, neue Kenntnisse und neues Können sind gefragt. Es ist heute leichter, sein berufliches Know-how zu mehren. Es gibt ein immenses Angebot an Schulungsmöglichkeiten. Es stehen Ihnen auch hervorragende Fachbücher in großer Auswahl zur Verfügung. Es liegt eigentlich nur an Ihnen, diese lukrativen Quellen auszuschöpfen.

Zur Strategie der Selbstentfaltung:

1. Entwickeln Sie sich zu einer reifen, ganzheitlichen Persönlichkeit.

2. Entfalten Sie bewußt und aktiv Ihre Qualitäten und seien Sie ein nimmermüder Pilger im Blick auf Ihr Lebensziel.

3. Formulieren Sie von einer Station zur andern immer präziser Ihre Vorsätze im Sinn des ganzheitlichen Denkens und entsprechend Ihrem veränderten Standort und der sich wandelnden Umwelt.

4. Gesucht werden Problemlöser, Leute, die Kompliziertes vereinfachen, Wesentliches vom Unwesentlichen unterscheiden, nicht das Geld, sondern den Geist zuvorderst im Kopf haben.

Glück durch Dich selbst

Dieses Buch widmet Herbert Casson dem Thema «Schicksal und Freiheit».
Er spricht auch vom Nutzen der Neugierde und spornt uns zum Lesen an. Wir lernen schließlich seine Vorbilder kennen und werden angeregt, darüber nachzudenken.

Gehen Sie den Dingen auf den Grund

Manche Leute beschränken sich darauf, mit stets erneuter Verwunderung festzustellen, daß sie immerfort Pech im Leben haben. Es fällt ihnen aber niemals ein, nach den Ursachen dieser merkwürdigen Tatsache zu forschen.

Sie glauben an die Macht des Schicksals. Sie nehmen alles, was ihnen geschieht, mit Resignation hin. Sie fühlen sich als Schachfiguren, die von einem unsichtbaren Spieler geschoben werden. Sie scheuen sich davor, die Ursachen ihrer Mißerfolge bei sich selbst zu suchen. Oder sie akzeptieren die unguten Ereignisse als unabwendbar.

Sie sind Pessimisten, Fatalisten oder Nihilisten. Zugegeben, wir sind das Produkt der Vererbung, doch ist uns die Chance gegeben, unseren Charakter im Laufe des Lebens zu formen, negative Wesenszüge zu erkennen und zu korrigieren, positive aufzuwerten und zu entwickeln.

Der Glaube an das Schicksal ist nichts weiter als Bequemlichkeit und Schwäche. Er ist eine Ausrede, hinter die man sich verschanzt, um nicht sein Bestes leisten zu müssen. Man schiebt den Sternen die ganze Verantwortung zu. Das schien mir von jeher ein recht erbärmlicher Trick. Ein sehr verbreitetes Mittel, um sich der Verantwortung für seine Handlungen zu entziehen. Das ist Unglaube, denn Glaube führt zur Tat.

Fatalismus ist die Philosophie der Faulheit
Hermann Kutter

Auch im modernen Geschäftsleben gibt es zu viele Fatalisten. Sie schieben die Schuld an ihren Mißerfolgen zwar nicht dem Schöpfer zu, aber der Regierung, den Gewerkschaften, den Arbeitgeberverbänden, dem Freihandel oder etwas anderem, das sie nicht ändern können. Dann gibt es eine andere Sorte von Menschen, die ebenfalls nie zur Erkenntnis der wahren Ursachen gelangen, und zwar deshalb, weil sie sich von niemandem etwas sagen lassen. Sie wissen alles immer besser. Sie kennen alles von A bis Z. Sie sind blind und taub. Sie sind nicht willens, zu lernen.

Der wißbegierige Mensch, der nach dem «Warum» fragt, ist auf dem besten Wege, verborgene Schätze zu heben. Die Leute nennen ihn einen Glücksvogel, sobald er sein Wissen in Taten umsetzt. Wer aufgibt und die Hände in den Schoß sinken läßt, ist selber schuld. Er wird über sein Pech grübeln und murren. Er meint vielleicht, das Glück werde kommen und ihn holen. Er denkt nie daran, daß er ausgehen sollte, das Glück zu suchen.

Es gibt eine große Tugend, über die zu selten von Erziehern gesprochen wird: die Neugierde. Damit hat schon mancher sein Glück gemacht. Wenn ein Mensch eine tüchtige Portion Neugierde besitzt, dann kann man sicher sein, daß er eine Menge von Dingen herausfinden wird, die für ihn von Nutzen sind. Er hat das Zeug in sich, ein äußerst erfolgreicher Mensch zu werden und ein erfülltes Leben zu führen.

Das Leben ist ein Kreuzworträtsel. Die meisten Leute sehen es mit schläfrigen Augen an, raten ein wenig herum, notieren, was ihnen gerade einfällt, und schieben es dann weg. Sie verstehen nicht, daß eine der größten Freuden des Lebens darin besteht, etwas herauszufinden, was man noch nicht weiß.

Erfolgreiche Menschen sind geistige Detektive

Warum sind Detektivgeschichten so faszinierend? Ist es nicht die Tatsache, daß wir dabei gespannt versuchen, dem Verbrecher auf die Spur zu kommen? Jeder, dem es im Leben halbwegs gut geht, ist ein geistiger Detektiv, das heißt, ein Mensch, der, wenn er einen Verlust erleidet, sofort dessen Ursachen festzustellen sucht. Wenn etwas schief geht, wird er zu einem Sherlock Holmes und findet die wahre Ursache. Dann sind seine sogenannten Fehlschläge Treppenstufen zu seinem Erfolg.

Und hier liegt auch der Grund der erfreulichen Erfolge, die so viele meiner «Efficiency-Freunde» aufzuweisen haben. Das Wissen, das sie anderen voraushaben, hilft ihnen, sie profitieren von ihrer Erfahrung. Sie entwickeln Initiative und gewinnen Selbständigkeit. Ausschlaggebend aber ist letztlich ihr Spürsinn: Sie entdecken das Gesetz von Ursache und Wirkung und nähern sich damit Schritt um Schritt ihrem Ziel.

Die Hauptaufgabe eines Betriebsleiters ist es, die Ursachen unliebsamer Entwicklungen herauszufinden. Aber das tut er zu selten. Er nimmt Schwierigkeiten hin, als wären sie schicksalsbedingt und unvermeidlich. Er ist alles andere als ein Detektiv, was er doch eigentlich sein sollte. Er geht im Betrieb unter und wird ein Teil des täglichen Einerleis.

Seien Sie Ihr eigener Unternehmensberater

Von Zeit zu Zeit findet irgendeine große Firma heraus, daß sie in die roten Zahlen kommt. Warum? Niemand weiß es. Dann muß ein Katastrophenhelfer, ein Außenstehender her, und jetzt erst wird zum ersten Male eine sorgfältige Untersuchung nach den Ursachen der Verluste angestellt. Anscheinend kann eine sachgerechte Prüfung der Betriebsführung einer großen Firma nur von außenstehenden Leuten vorgenommen werden. Seltsam, nicht?

Wir hören heute viel über den Wert gründlicher Expertisen, haben aber eine heilige Scheu davor, die Experten könnten uns mit etwas Unangenehmem überraschen, von uns ein anderes Verhalten verlangen.

In Wirklichkeit geht es nur darum, Altes neu zu sehen, eingefahrenen Gewohnheiten zu mißtrauen, neue Wege und Wahrheiten zu finden und zu akzeptieren. Wir können heute mit Hilfe der Chemie vieles herausfinden, was uns Geheimnis war, wir können die Beschaffenheit aller Rohstoffe ermitteln, die die Natur produziert hat, wir können viele synthetisch selbst herstellen. In der Betriebsführung aber verhalten wir uns zu oft noch dilettantisch.

«Herausfinden» in der Betriebswirtschaft bedeutet natürlich etwas anderes als die Durchführung chemischer und technischer Experimente. Es ist die Kunst, visionär zu denken, uns entschlossen auszurichten auf neue Zielhorizonte und die vorhandenen internen Ressourcen im Sinne unserer Pläne anzuzapfen und anzuregen – effizienter zu arbeiten.

«Wer zu lesen versteht, besitzt den Schlüssel zu großen Taten, zu unerträumten Möglichkeiten», schrieb Cassons Landsmann Aldous Huxley. Wer liest, lernt aus den Erfolgen und Fehlern anderer. Er weiß, daß seine persönliche Erfahrung beschränkt ist, und darum kauft er fremde Erfahrung hinzu. Wenn ihn ein Buch von zweihundert Seiten anspornt, ihm nur eine einzige neue Idee liefert, ist es seinen Preis wert.

Henry Ford I, der als einer der erfolgreichsten Industriellen der Welt galt, hat ein Buch geschrieben, in dem er uns verrät, wie er sein Vermögen von weit mehr als einer Milliarde Dollar erworben hat. Dieses Buch ist für jeden Fabrikanten von unschätzbarem Wert. Für wenig Geld kann er daraus Dinge lernen, deren Erkenntnis Henry Ford Millionen gekostet hat.

Das Buch von Henry Ford kann hier nur noch als veraltetes Beispiel dienen. Schon weil es wohl längst vergriffen ist. Aber inzwischen sind viele ähnliche Bücher geschrieben worden; ich nenne den Bestseller *«Eine amerikanische Karriere»* von Lee Iacocca. Dieser Super-Manager war – welches Kuriosum – ebenfalls bei Ford tätig. Er wurde von Henry Ford II gefeuert, fand bei Chrysler bald einen neuen Posten und rettete den Konzern, der mit 3,5 Milliarden Dollar verschuldet war, vor dem Ruin. Nebenbei gesagt, innerhalb von vier Jahren. Nach dieser kurzen Zeit schon schrieb man bei Chrysler wieder schwarze Zahlen. Ein Wunderknabe. Sein Buch ist denn auch ein Bestseller. Wer wollte nicht einem solchen Autor zuhören, wenn er seine Erfahrungen und Erfolgsrezepte preisgibt!

So erscheinen immer wieder Fachbücher, die das Gesicht der Geschäftswelt verändern. Ich denke an den epochalen Erfolg von Peters' und Watermans *«In Search of Excellence»*.

Peters und Waterman
8 Regeln zum Erfolg

1. Drang zur Tat
2. Dicht am Kunden
3. Eigenständigkeit und Unternehmertum
4. Produktivität durch Leute
5. Von Werten geleitet
6. In der eigenen Webart bleiben
7. Einfach Formen, kleine Stäbe
8. Führung zugleich locker und fest

(Nach der Übersetzung von Karl Heinrich Rüssmann in der Zeitschrift «manager Magazin» 4/83)

Der Titel der deutschen Ausgabe, eine schlechte Übersetzung, lautet «Auf der Suche nach Spitzenleistungen». Von diesem Buch wurden in kurzer Zeit über drei Millionen Exemplare verkauft. Es zog, gleich einem Kometenschweif, mehrere Folgewerke nach sich, wie *«Creating Excellence»* oder *«A Passion for Excellence»*.

Das für mich hervorstechende Merkmal dieser eben genannten Publikationen: Sie weisen erstmals mit auffallender Deutlichkeit darauf hin, daß der Unternehmer auch gesellschaftsbezogene Pflichten hat, daß er im Blick auf das Wohl aller handeln und sich auch in seinem Beruf als verantwortlicher Staatsbürger sehen muß.

Mit Gewinn zu arbeiten, ist die oberste Pflicht des Wirtschaftsführers, aber beileibe nicht die einzige

Auch das fiel mir auf bei der Lektüre: Just in den Jahren, da man in der Geschäftswelt das Heil in (zu oft nur vermeintlich) wachstumsfördernden und stabilisierenden Fusionen zu suchen begann, warnte das Werk von Peters und Waterman vor solch euphorischen Unterfangen, die in offensichtlichem Widerspruch stehen zum alten Wort vom Schuster, der bei seinen Leisten bleiben soll. Die Warnung wurde von den Autoren mit fehlgeschlagenen Fusionsabenteuern belegt.

Ich habe übrigens den Verdacht, daß Peters und Waterman zu ihrer aufsehenerregenden Studie angespornt wurden durch eine großangelegte Aktion der Time-Life Verlagsgruppe, die aus eigener Initiative im Jahr 1980 unter dem Titel *«American Renewal»* in sieben Zeitschriften lanciert wurde und deren ambitiöses Hauptziel es war, in den USA eine intellektuelle, geistige und moralische Erneuerung zu initiieren. Das in seiner Art nur dort denkbare Unternehmen, das Chefredakteur *Henry Grunwald* sich für alle Bürger, besonders aber für Politiker und Wirtschaftsführer ausgedacht hatte, wurde, ich weiß es, zum Teil mitleidig belächelt, stimmte aber andererseits doch viele Adressaten nachdenklich. Selten wurde bisher die in jedem Lehrbuch der Zeitungswissenschaft und Publizistik statuierte Verantwortlichkeit der Presse gegenüber der Gesellschaft in vergleichbarem Maße wahrgenommen.

Doch nochmals kurz zurück zu Cassons Plädoyer für das Buch und das Lesen. Ich muß schon in sehr großer Eile sein, wenn ich am Schaufenster einer Buchhandlung vorbeilaufe. Ich verpasse dann etwas, denn die neuen Titel signalisieren mir, welche Themen in der Luft liegen, wohin sich die Welt bewegt und mit welchen Gedanken ich mich befassen sollte.

Lesen, – ein Stimulans für das Denken

Lesen ist ein Stimulans für das Denken. Bücher und die andern Printmedien liefern uns schwarz auf weiß – und daher optimal faßbar – aktuelle Informationen aus allen Lebensbereichen und Wissensgebieten. Was man gedruckt vor sich hat, versteht man leichter. Man kann es nach Lust und Laune schnell oder langsam lesen, es wiederholen, mitnehmen, aufbewahren, weitergeben. Was am Bildschirm vorbeiflimmert, ist vergänglich, verliert sich mit der Zeit. Das gedruckte Wort ist zeitunabhängig verfügbar.

«Die Verfügbarkeit des geschriebenen Wortes war die Voraussetzung der zivilisatorischen Entwicklung... Die Buchdrucker waren die Vorläufer der modernen Welt.» So zu lesen in einem 1968 bei Prestel in München unter dem Titel *«Bücher, die die Welt veränderten»* erschienenen, höchst lobenswerten Sammelband, der die einflußreichsten Werke der Weltliteratur in faszinierender Weise vorstellt.

Doch nun wieder Casson:

«Einer Sache auf den Grund kommen» heißt auch, seine Augen zu gebrauchen. Auch Sehen will gelernt sein. Die meisten von uns haben einen sehr schlecht entwickelten Gesichtssinn. Wir haben längst nicht mehr die Fähigkeit der Indianer, die Spur eines Mannes über Stock und Stein zu verfolgen. Wir bemerken nicht, was rings um uns ist und vorgeht.

Dieser Zustand wird immer schlimmer. Unsere Zivilisation zwingt uns geradezu, die Dinge oberflächlich zu betrachten, ja sie zu übersehen, einfach weil dauernd zuviel auf unser Auge eindringt: in den belebten Straßen, im

Chaos des städtischen Verkehrs, bei 120 km pro Stunde auf der Autobahn, daheim vor dem Fernseher mit dem größer und größer werdenden Überfluß an Programmen.

Wir müssen optische Signale selektiv aufnehmen, sonst sind wir überfordert. *«Wir amüsieren uns zu Tode»* heißt denn auch der Titel eines amerikanischen Buches, das die verwirrende Wirkung unserer elektronischen Unterhaltungsindustrie aufs Korn nimmt. Wir sind gezwungen, Prioritäten zu setzen, um bewußt nur noch das zu verfolgen, was uns angeht und uns dient.

Das Beispiel großer und unantastbarer Persönlichkeiten ist das einzige, was uns zu edlen Gedanken und Taten führen kann
Albert Einstein

Im folgenden erwähnt Casson einige epochemachende Vor- und Leitbilder, die uns anfeuern und ermutigen sollen. Der Mensch braucht offenbar lebende oder geschichtliche Personen als Ideale für die eigene Entwicklung und Lebensgestaltung. Sie erscheinen in den Märchenbüchern und dienen schon den Kindern als Bezugspersonen.

In der Pubertät treten an ihre Stelle Idole, Stars, Sportler, Künstler. Auch der erwachsene Mensch orientiert sich, je nach Persönlichkeitsstruktur und Bildungsniveau, an beruflich, geistig, ethisch und religiös oder politisch hervorragenden Persönlichkeiten.

Wir haben in der Schweiz, um nur zwei Beispiele zu nennen, als politische Mahner und Vorbilder unseren Wilhelm Tell und Arnold Winkelried. Mir fällt nur zweierlei auf: Vorbilder wie die genannten haben mit der Entwicklung der Pädagogik an Bedeutung verloren; man zielt in der Erziehung und in der Psychologie allgemein auf die Heranbildung einer autonomen, kritisch-mündigen Persönlichkeit hin.

Ich habe aber noch einmal gefunden, was ein Mensch am nötigsten braucht, um sich selbst zu verstehen: eine Vatergestalt
(Carl Zuckmeyer über seine späte Freundschaft mit Karl Barth)

Ist dies nun auch die pädagogische Absicht jener Intellektuellen, die als Journalisten und Schriftsteller nicht müde werden, den Nimbus unserer historischen Berühmtheiten aufzulösen? Oder wollen sie uns einfach als Staatsbürger ernüchtern, verunsichern und verdrießen? Ich lasse diese Frage offen.

Bei Herbert Casson ist die Absicht eindeutig: seine Leitbilder sollen uns positiv einstimmen. Dabei begnügt er sich mit der Erzählweise im alten romantischen Bilderbuch-Stil, von der ich Kostproben wiedergebe. Zwischendurch aber versuche ich, seinen Lebensberichten etwas mehr Authentizität zu verleihen und sie dem heutigen kritischen Leser angemessener zu präsentieren. Zuerst Cassons Version vom Leben Isaac Newtons:

Über den negativen Einfluß des Vorbildes: ... unser ganzes Tun und Treiben läuft auf bloße Nachahmung zurück: Nicht das geringste tun wir nach eigenem Ermessen
Arthur Schopenhauer

Das zu hoch gesteckte Vorbild wird leicht zum Feind des praktisch Erreichbaren
Alfred Adler

Man denke an *Newton,* einen der bedeutendsten Physiker, die je gelebt haben. Millionen vor ihm hatten schon Äpfel zu Boden fallen sehen, aber keiner hatte nach dem «Warum» gefragt.

Newton beschäftigte sich jahrelang als erster mit dem Problem der Schwerkraft. Er konnte schließlich logisch erklären, warum der Apfel zu Boden fällt und warum die Erde uns und alles was da liegt, steht und geht, festhält. Er fand das Gesetz der Gravitation, auf dem auch die Harmonie des ganzen Universums beruht und das die Bewegung der Sterne regelt.

Die Geschichte vom Apfel, der Newton aufs Haupt fiel und in seinem Kopf eine Denkkaskade auslöste, ist natürlich Legende. Doch ihre Anschaulichkeit mußte Casson gefallen.

Der englische Physiker (1643–1727), Sohn eines Bauern, war in der Tat ein bewundernswertes Genie. Er studierte Mathematik in Cambridge, ward Münzmeister in London, schrieb physikalisch und astronomisch einflußreiche Werke, die ihm die ehrenhafte Mitgliedschaft der Pariser Akademie und der Royal Society brachten.

Newton baute die Keplerschen Gesetze zum Fundament der klassischen theoretischen Physik und der Himmelsmechanik aus. Er betrieb später auch Politik und war schließlich Mystiker.

Die Figur von *James Watt* projiziert uns Casson so lebhaft an die Wand, daß ich sie tel quel mit wenigen Retouchen wiedergeben möchte, auch wenn sie zum Teil erfunden sein mag.

James Watt war ein scharfäugiger Knabe und voller Neugier. Eines Tages hielt er sich in der Küche auf und beobachtete aufmerksam den Teekessel mit dem brodelnden Wasser. Er begann damit zu spielen und verstopfte den Schnabel des Kessels, um die Gewalt des Dampfes zu erproben. Seine Tante, die ihn bei dieser Beschäftigung antraf, schüttelte den Kopf und wies ihn aus der Küche. Wie unrecht sie hatte!

Der zischende Teekessel brachte Watt auf die Idee, mechanische Energie aus Wärme zu gewinnen. Die Vorstellung ließ ihn nicht mehr los, und er bastelte die erste Dampfmaschine. Der spielerische Einfall eines Kindes sollte später das Antlitz der Erde verändern. Und wie gesagt, all das geschah nur deshalb, weil ein vorwitziger Knabe in der Küche pröbelte und sich über etwas klar werden wollte, was er vorerst nicht begriff.

Die Erfolgsstory von *Andrew Carnegie* liest sich bei Casson so:

Es ging dem jungen Mann, einem gebürtigen Schotten, anfangs schlecht genug. Mit 13 Jahren arbeitete er in einer Baumwollspinnerei für einen Dollar die Woche. Dann wurde er Telegrammbote. Aber das genügte ihm auf die Dauer nicht. Er lernte telegrafieren, ohne daß ihn jemand darin unterwies, und als er es konnte, avancierte er zum Telegrafisten. Später erhielt er eine Stelle in einem Eisenbahnbüro. Als gelehriger Schüler avancierte er zum Assistenten des Direktors und führte den Schlafwagen ein.

Doch der ambitiöse Andrew Carnegie hatte damit sein Ziel noch nicht erreicht. Die Eisenbahn wurde für seine Karriere einmal mehr zur Zwischenstation! Aus dem Eisenbahnangestellten wurde der Stahlmagnat! Er gründete die

Carnegie Steel Company, die 1901 in der United States Steel Corporation aufging. So erwarb er ein riesiges Vermögen, das er zum großen Teil in Stiftungen für wissenschaftliche und soziale Zwecke aufgehen ließ.

Soweit Cassons Beschreibung dieses wahrhaft märchenhaften Selfmademan. Was Casson offenbar weniger ins Konzept des edlen, restlos bewunderungs- und nachahmenswürdigen Amerikaners paßte, war der Umstand, daß Carnegie seinen Reichtum nicht allein durch Bienenfleiß und musterhaftes Benehmen erwarb, sondern eher noch durch sehr gewagte Spekulationen. Sein Portrait, das uns die Lexiken zeigen, läßt deutlich genug auf einen energiegeladenen, bärenstarken Unternehmertyp alter Schule schließen. Bei näherer Betrachtung jedoch bemerken wir auch einen väterlich-gütigen Zug in seinem Gesicht. Und in der Tat wurde der alte Carnegie nicht nur Wohltäter, sondern begann auch, Bücher zu schreiben, von denen eines vom Evangelium und den Pflichten des Reichtums handelt...

Der Selfmademan, wie er im Buch steht – mit Retouchen

Thomas Edison ging nur kurz zur Schule. Sein Lehrer schickte ihn nach Hause mit der Begründung, er sei zu unbegabt. In seiner Verzweiflung, und um seinen Schulmeister ins Unrecht zu versetzen, begann er zu basteln, vertraute seiner Erfindungsgabe, erfand, wie man weiß, Schlag auf Schlag, neben vielen kleinen nützlichen Dingen, die Glühlampe mit Kohlenfäden, das verbesserte Telefon, den Phonographen und den Kinematographen.

Viele nannten ihn einen Glückspilz. Vielleicht war er das; aber sein Glück bestand in seiner Leidenschaft, den Dingen auf den Grund zu gehen.

Frederic Winslow Taylor, der Begründer der wissenschaftlichen Betriebsführung – auf ihn geht der Begriff «Taylorismus» zurück – arbeitete mit 19 Jahren in einer Fabrik. Eines Tages war der Hauptabfluß unter dem Fabrikgebäude verstopft. Diesem Umstand verdankte er, nach Casson, eigentlich den Einstieg in seine große Karriere. Nachdem es allen Fachleuten mißlungen war, das Rohr frei zu machen, schaffte er es im Alleingang über Nacht. Das Unternehmen konnte am andern Morgen unbehelligt weiterarbeiten. Wie dem entschlossenen, einsatzfreudigen und unentwegten Taylor das Kunststück schließlich gelang, können Sie bei Casson in allen Details nachlesen – falls Ihnen einmal Gleiches passieren sollte.

Herbert Casson zum Schluß dieses Kapitels:

Man sieht, das Leben ist, was es immer war und immer sein wird: eine ununterbrochene Forschungsreise. Die großen Männer sind die Pfadfinder. Sie sind die Pioniere. Sie sind die Detektive, die sich mit überdurchschnittlicher Beobachtungsgabe, mit Entschlossenheit, Tatkraft und dem nötigen Ehrgeiz an scheinbar unlösbare Aufgaben heranmachen und sie lösen – zum Erstaunen aller.

Erfolg und Lebensfreude

Auch in diesem Buch macht Herbert Casson
seinen Lesern Mut zum Erfolg.
Wir sollen unsere Stunden nützen, dabei aber neben der
vita activa auch der vita passiva Raum geben.
Beiläufig nimmt Casson Stellung zur Religion.

Keinen Tag verlieren

Das Wichtigste, was Sie besitzen, ist Ihr Leben. Das Leben besteht aus Tagen, nicht aus Jahren. Nur der Tage sind wir sicher. Allzuviele von uns lassen sich treiben und vergessen das uns allen bevorstehende letzte Ereignis, den Preis des Lebens: den Tod.

Wir leben manchmal so, als wenn wir unendlich viel Zeit hätten
Maxi Wander

Die Zeit ist unendlich, aber Sie und ich, wir haben nur ein kleines bißchen davon. Was wir tun wollen, müssen wir schnell tun. Die Zeit ist der Stoff, aus dem das Leben gemacht ist. Nichts in der Welt ist so wertvoll und vergeht so unwiederbringlich wie die Zeit. Um ein vollständiges, wohlgerundetes Leben zu leben, dazu bedürfte es zweihundert Jahre, wir haben aber nur siebzig zur Verfügung, vielleicht achtzig oder bestenfalls ein wenig mehr. Der Durchschnittsmensch stirbt früher.

Zeit ist unendlich viel wertvoller als Geld. Dem vor kurzem verstorbenen Lord Leverhulme war sogar beides beschieden: Reichtum und ein langes Leben. Noch mit 73 Jahren kontrollierte er den weltweit tätigen Unilever-Konzern mit einem Kapital von 73 Millionen Pfund. Man hätte ihn fragen sollen, was er mehr schätzte: die Millionen oder die Jahre.

Mancher hochbetagte Mann kommt erst kurz vor dem Tode zur traurigen Erkenntnis, das Leben verpaßt zu haben. Kaum hat er die Augen geöffnet, muß er sie wieder schließen. Dazwischen ist nichts passiert, nichts von Belang.

Wir dürfen keinen Tag sinnlos vertun. Wir brauchen jeden, um das zu werden, was wir im Entwurf sind. Nie hat jemand zu viele Tage, wenn er an das Ende seines Lebens gelangt. Darum sollten wir jeden nützen, um uns zu entfalten, Lebensträume zu verwirklichen, auch innerlich zu wachsen, indem wir am Ende eines zweckhaften Tagwerks uns zweckfreiem Tun widmen.

Die meisten von uns ziehen einmal im Jahr Bilanz, wie noch zuviele Unternehmen: am 31. Dezember. Das ist zu wenig. Jedes Unternehmen und jeder einzelne Mensch sollten sich häufiger Rechenschaft ablegen über ihr Befinden und Tun, über den Tag, über seine Vergangenheit und seine Zukunft. Gute Vorsätze bloß an Silvester, das genügt nicht. Wenn Sie sich über den Lauf Ihres Lebens und den Gang Ihres Unternehmens täglich Gedanken machen, sich über das Ist und das Soll Rechenschaft geben, haben Sie jährlich mindestens dreihundert Gelegenheiten, Fehler auszumerzen und etwas zu verbessern.

Am Abend eines jeden Tages: Bilanz ziehen

Eine der bestverwalteten Gesellschaften der Welt ist die Standard Oil Company; und eines der Geheimnisse ihres Erfolges ist die Gewohnheit, den Lauf der Dinge täglich zu kontrollieren. An jedem Wochentag um 10 Uhr früh versammeln sich die Direktoren der Standard Oil Company um einen großen Tisch zu einem kurzen Nachrichtenaustausch. Wenn Probleme auftauchen, so entscheiden sie augenblicklich, was zu tun ist. Sie verlieren niemals einen Tag. So war es möglich, eine Gruppe von Gesellschaften aufzubauen, die ein Kapital von ungefähr 300000000 Pfund repräsentieren.

Ich habe entdeckt – und mit mir viele andere – daß die Zeit elastisch ist, will sagen: Ich kann aus einem Achtstunden-Tag mehr oder weniger herausholen, je nachdem, ob ich effizient vorgehe, überlegt organisiere oder «wurstle» und den Dingen ihren Lauf lasse. Zeit ist Rohware, aus der wir viel oder wenig machen können. Ich möchte Sie lehren, mit der Zeit weise umzugehen. Auch wenn es um Ihre private Zeit geht, die Ihnen allein gehört.

Die Zeit ist elastisch

Was ist eigentlich Zeit? Denken wir einen Augenblick über das Phänomen nach. Die Zukunft verwandelt sich in Vergangenheit, und dieses Fließen nennt man «Zeit». In Wirklichkeit gibt es keine Zukunft und keine Vergangenheit außer im Hoffen und im Erinnern. Es gibt keine Zeit außer dem *Jetzt;* und Zeit ist schließlich nichts als das, wofür wir sie verwenden. Ich wiederhole das wieder und wieder.

Die meisten Leute werden entweder durch die Vergangenheit oder die Zukunft getäuscht. Für gewöhnlich träumt ein Mensch die erste Hälfte seines Lebens von der Zukunft, die zweite von der Vergangenheit. Und auf diese Weise verliert er beide Hälften. Das kann vermieden werden, wenn man von Tag zu Tag lebt. Das bedeutet nicht, daß wir wie Schmetterlinge umherflattern und auf weitausschauende Pläne verzichten sollen. Aber es bedeutet, daß wir jeden Tag für sich betrachten und in irgendeiner Art für uns wertvoll machen sollten.

Was zählt, ist die Tat

Die Tat – die Tat in der lebendigen Gegenwart, damit gehört uns die Zeit. Keine Reue und keine Furcht! Nicht sich quälen über das, was nicht zu ändern ist und nicht fürchten, was morgen geschehen kann! Nur so leben wir frei.

Zu viele Religionen haben die Menschen veranlaßt, die Gegenwart der Zukunft zu opfern. Sie haben Menschen auf das Leben nach dem Leben, auf ein besseres Jenseits vertröstet – auf den Himmel, und sie haben das Erdendasein als nichtig und die Lebensfreude als Sünde verpönt.

Ich lehre genau das Gegenteil. Ich sage: Das Leben ist kurz. Unsere Tage sind gezählt. Eigentlich leben wir nur, insofern wir aus der uns geschenkten Stunde etwas machen. Das Leben ist nur Gelegenheit zu etwas, sonst nichts. Wir müssen handeln, und wir müssen jetzt handeln. Nicht die Lebensfreude verschieben, wie es die Geizhälse tun! Nicht unsere Pläne und die Verwirklichung unserer guten Vorsätze verschieben, nicht erst ab morgen uns unseres Daseins erfreuen, nicht bloß vornübergebeugt Gold schaufeln, Tag für Tag.

Schaffen Sie sich erst ein Heim –, das beste, das Sie sich leisten können. Und dann bringen Sie Lebensfülle in dieses Heim. Schätzen Sie, was Sie schon haben – dann werden Sie mehr bekommen, denn Sie haben Erfolg, weil Sie sich daran freuen. Und Freude weckt immer wieder neue Freude, gibt Kraft; sie macht tatenlustig.

Es gibt auf dieser schönen Welt Insekten, die nur einen Tag in der Sonne leben und dann sterben. Aber diesen einen Tag leben sie. Sie fliegen und sie blitzen umher und sie lieben einander. Sie kleben nicht an der schattigen Seite eines Blattes und trauern. Ein fünfzigjähriger Mann, der täglich gelebt hat, hat über mehr als achtzehntausend Tage verfügt; und niemand kann ihm rauben, was diese Tage ihm geboten haben.

Machen Sie den heutigen Tag zu einem kleinen, feenhaften, vollständigen eigenen Leben. Das wird Sie froh und glücklich machen und wer froh ist, lebt gesund, nicht wahr? Krönen Sie jeden Tag mit einer guten Tat, leisten Sie sich ein bißchen Vergnügen, Romantik und Abenteuer. Lassen Sie Ihre unschätzbaren Tage nicht in pure, farblose Routine aufgehen. Routine ist die Grundlage aller Dinge, aber nicht ihr Oberbau. Stehen Sie über Ihrem Geschäft, nicht unter ihm.

Faß das Leben immer als Kunstreise
Christian Morgenstern

Wenn Sie Geld haben, nützen Sie es und verwenden Sie einen Teil davon für die Kunst des Lebens.

Es war ein weiser Lehrer, der da sagte: «Unser täglich Brot gib uns heute.» Ja, jeden Tag unser täglich Brot – unsere tägliche Arbeit und unsere tägliche Lebensfreude.

Religion und Angst

Herbert Casson kritisiert in diesem Buch die Religionen, insofern sie uns mit Angst und Strafe drohen. Ich teile seine Meinung. Das alte Testament vor allem schildert den Schöpfer zu oft als einen strafenden und rächenden Gott im Gegensatz zum neuen Testament und zur Lehre unseres Religionsgründers, der uns von Angst befreien will. Dieser Widerspruch ist für viele Menschen auf der Suche nach der Wahrheit befremdend. Wenn sie lesen: «Es kommt der Tag der Rache des Herrn» (Jes. 34,8), oder: «Da ist Euer Gott! Er kommt zur Rache» (Jes. 35,4), oder: «Das soll siebenfältig gerächt werden» (1 Mo 4,15), so sind das für sie Steine des Anstoßes auf dem Weg zum Glauben.

Könnte folgendes eine Erklärung sein?

Wir gehen davon aus, daß der Schöpfer des Alls, unserer Welt und des Menschen allmächtig ist, ihm also nichts mißlang, sondern alles in seinem Geist ward und ist.

Zuerst war das Absolute, war eine Idee, der Logos, wörtlich: «Am Anfang war das Wort». Diese Schöpfungsidee enthält keine Defekte, sie wurde Wirklichkeit, ohne daß sich Ungewolltes, Mängel oder Fehler ins Schöpfungswerk eingeschlichen hätten – da doch der Schöpfer allmächtig ist. Vielmehr gehört alles, was ist, zur Vollendung der Schöpfung, auch das, was wir als Übel und als Böses werten. Die Welt ist nie vollkommen, aber was geschieht, gehört stets zur Vollendung des Schöpfungswerkes. «Alles je Wirkliche ist in der Gesamtheit der Gesetzmäßigkeiten der Wirklichkeit beschlossen, von ihr bedingt, ihr unterworfen», schreibt der feinsinnige Denker *Walter Bodmer.*

In diesem Sinne hilft uns auch *Paul Häberlin,* der große Schweizer Philosoph, aus dem Dilemma, wenn er sinngemäß sagt: «Die Wahrheit ist Eine, ist allgemein und ewig, sie ist nicht immer wieder eine andere, wie wir immer wieder andere sind; man kann nicht Wahrheit sagen, ohne zugleich Einheit und Ewigkeit zu meinen. Und das Wissen um diese eine Wahrheit ist zugleich die Anerkennung ihrer Autorität, der Autorität des Schöpfers und seiner Unfehlbarkeit.»

Warum gibt es das Übel und das Böse

So gesehen kommt uns unsere tägliche Erfahrung, auch unsere tägliche Konfrontation mit dem Übel und dem Bösen – theoretisch wenigstens – nicht mehr in die Quere, denn was kann es Wahreres geben, als das, was die Erfahrung zeigt? Wenn die Wahrheit Eine ist, so ist das wahrhaft Seiende Eines und ewig, unwandelbar und nach dem Schöpfungsplan notwendig, auch wenn das manchmal wider unsere Interessen und uns unbegreiflich ist.

Und nochmals Paul Häberlin: «Es ist unser individuelles Schicksal, die Wahrheit als unvollkommene zu erfahren, in uns und außer uns. Wir können nur wissen, daß sie in Wahrheit vollendet ist, auch wenn wir die Welt oftmals als sehr unvollkommen erleben, weil wir unseren subjektiven Standpunkt zum Kriterium der Wahrheit machen.»

Es ist immer Sache des Geistes zu wissen, daß das Sein, so wie wir es erleben, zur Vollendung gehört. So wird uns das Sein zum kategorischen Imperativ. Sinn unseres Lebens ist es, trotz allen Entmutigungen, uns auf das Gute hin zu orientieren, nach unserem Gewissen zu handeln, das uns von Anfang an implantiert ist.

In dieser Orientierung am Guten verhalten wir uns heroisch. Wir stellen uns einer unerfüllbaren Aufgabe, arbeiten daran, als ob sie erfüllbar wäre, wissen aber dabei, daß uns die endgültige Lösung nie gelingen wird. Diese Haltung ist der eigentliche Sinn.

Paul Häberlin versichert uns: «Gott allein weiß, was er ‹will›, und einzig, was er will, das ist. In ihm sind die Dinge, wie sie sein ‹sollen›, in ihm ist das Dasein vollendet, unvorstellbar und unabhängig von unseren Wünschen.» Das ist echter Glaube. Eine «Sinnkrise» gibt es da nicht mehr. Der Sinn des Lebens ist das Leben selbst.

Und wenn Sie, verehrter Leser, verehrte Leserin, das alles nicht befriedigen kann, so halten Sie es mit *Carl Gustav Jung,* unserem berühmten Psychologen, der schrieb: «Meine raison d'être besteht in der Auseinandersetzung mit dem undefinierbaren Wesen, das man ‹Gott› nennt.»

Ich habe Ihnen am Anfang dieses Buches Herbert Casson vorgestellt als Verbindung eines Unternehmensberaters mit dem Lebenshilfe leistenden *Norman Vincent Peale.* Wahrscheinlich kennen Sie Peales Erfolgsbücher oder haben schon davon gehört. Er preist darin die Kraft des positiven Denkens. Und mit welchem Erfolg!

Die Kraft des positiven Denkens

Die eine Schrift «The Power of Positive Thinking» erreichte eine Auflage von 15 Millionen. Seine Zeitschrift «Guideposts», ebenfalls der Lebenshilfe gewidmet, erzielt eine verkaufte Auflage von 3,5 Millionen. Peale, studierter

Theologe, soll täglich 7000 Briefe erhalten, die sein esotherischer Medienkonzern beantwortet. Sonntags predigt Pfarrer Peale in einer New Yorker Kirche vor einer gemischten Zuhörerschaft, die neben gewöhnlich Sterblichen Vertreter großer Wirtschaftsunternehmen und der hohen Politik umfassen soll.

Dies nur, um zu zeigen, wie groß die Nachfrage nach Lebenshilfe und persönlichem Glück ist.

Bauen Sie auf!

Ich resümiere nun eines der letzten Kapitel von Herbert Cassons «Erfolg und Lebensfreude».

Auch hier aktualisiere ich den Stoff, indem ich Cassons Aussagen aus der heutigen Sicht beleuchte, sie vergleiche mit denjenigen moderner Denker.

Wenn Sie Ihrem Dasein Sinn geben, ein erfülltes, glückliches Leben führen wollen, dann müssen Sie etwas gründen und aktiv sein: Sie müssen sich beruflich entwikkeln, vielleicht Ihr eigenes Geschäft aufbauen, jedenfalls konstruktiv und schöpferisch tätig sein.

Dem Tätigen bleibt weniger Zeit zum Unglücklichsein
Hannes Schmitt-Horr

Die vita activa entspricht aufs tiefste unserem menschlichen Wesen, ja sie macht seinen eigentlichen Kern aus. Casson will den Begriff des Tuns weitgefaßt wissen. Er denkt nicht nur an die Erarbeitung unseres Lebensbedarfs, die Sicherung des Broterwerbs. Schon gar nicht will die vita activa gleichgesetzt werden mit kopflosem Hasten und rein äußerlicher Geschäftigkeit.

Casson legt Wert auf innere Aktivität; sie kann in Kontemplation ausmünden, in eine aufmerksame Betrachtung meiner selbst mit dem Ziel, der zu werden, der ich bin. Oder es kann sich um eine selbstlose Aktivität handeln, die der Allgemeinheit zugute kommt, zum Beispiel auf dem gemeinnützigen oder politischen Feld.

Wir sprachen vom angeborenen Trieb zu bauen, aufzubauen. Als Kinder spielten wir mit Bauklötzen, ließen unserer Phantasie freien Lauf, freuten uns ob dem gelungenen Werk, zeigten es stolz der Mutter und fanden uns selbst bestätigt. *Jacob Burckhardt* nannte das spielerische Tun «ein Urelement aller Kulturen».

Und bei *Johan Huizinga* hat der spielende Mensch, der Homo ludens, eine ebenso wesentliche Funktion wie der schaffende Homo faber.

Das Glück des spielerischen Wachsens

Für Herbert Casson zeichnet sich der intakte Mensch dadurch aus, daß er aktiv ist und ein Ziel vor sich hat. Damit allein bekommt sein Leben Inhalt und Sinn und sein Lebensglück ist ein Glück des «Wachsens». «Zurückweichen, um weniger zu sein, stehenbleiben, um zu genießen: diese beiden Gesten, durch die wir versuchen könnten, gegen den Strom des universellen Flusses zu schwimmen, erscheinen als absurde Unmöglichkeiten» schrieb *Teilhard de Chardin* (1881–1955) in seinem «Glück des Daseins». Ich zitiere den berühmten französischen Jesuiten und Buchautor, weil heute Leistung für viele unanständig ist.

Wenn Herbert Casson vom Bauen und Aufbauen spricht, erinnert er uns auch an das phantastische Bauprogramm der spätmittelalterlichen Kirche. Die fähigsten Baumeister wurden jeweils von weither gerufen, um die wuchtigen Werke von höchstem technischem und ästhetischem Rang zu erstellen. Es brauchte ungewöhnliches Können und viel Erfindungsgeist, um während vieler Jahrzehnte diese heute noch bewunderten Kathedralen entstehen zu lassen.

Und wozu dieser gigantische Aufwand? Einer Idee zuliebe. Die Sakralbauten sollten den christlichen Glauben festigen und vertiefen, die Kraft der geistigen Welt darstellen, der innern Orientierung des Menschen dienen.

Nur wer sich selbst geholfen hat, weiß auch anderen zu helfen
George Bernard Shaw

Bauen Sie auf – so oder so. Am allerschönsten wäre es, wenn Sie sich vielleicht entschließen könnten, sich in Ihrer Freizeit einer Aufgabe zu widmen, die im Dienste aller steht und zum Ziel hat, eine neue bessere Welt zu schaffen.

Jetzt durchhalten

Ein Buch, das Casson besonders für entmutigte Menschen schrieb.

Sie haben mich nun als Casson-Rezensent kennengelernt. Rezension hat zu tun mit dem lateinischen «recensens» und das heißt, musternd beschreiben und betrachten. Zu gewissen Aussagen und Meinungen Cassons habe ich mich kritisch geäußert. Keineswegs, um damit die Persönlichkeit Cassons zu mindern. Es geht mir vielmehr darum, mich mit ihm auseinanderzusetzen, mit ihm einen Dialog zu führen, meine eigenen Ansichten und überhaupt die heute gültigen Meinungen mit den seinen zu vergleichen. Es ist ein Versuch, Cassons Geist nochmals zu spiegeln.

Bedeutende Menschen wollen wir achten, von ihnen dankbar lernen, aber sie nicht kritiklos vergöttern

Ich habe vor mir ein Casson-Buch mit dem Titel «Jetzt durchhalten». Darin fehlt die Jahrzahl, welche verraten würde, wann der Berner Verlag H. R. Hugi den englischen Text übersetzt und veröffentlicht hat. Wir müssen annehmen, daß es in der Zeit der großen Wirtschaftskrise war, denn Casson versucht, dem Leser zuzureden, ihm Mut zu machen und sein Selbstvertrauen zu stärken. Es ist darin die Rede von Manneszucht, Widerstandskraft und eiserner Härte, von den Tugenden, die einen «ganzen Kerl» ausmachen, der trotz allem Ungemach weiterkämpft.

Stimmt diese Therapie noch?

Casson schreibt:

Im vorliegenden Buche ist von Mannesmut und Widerstandskraft die Rede. Von der Kraft, die es zum Durchhalten braucht, von der Ausdauer und vom Mut, die wir benötigen, wenn wir den Gefahren trotzen wollen, oder wenn es gilt, einen Verlust zu überwinden. Von der Kraft also, die mehr ist als bloß passives Erdulden, von jener Energie, die erst den Helden ausmacht, das heißt den Menschen, der sich weder durch Not noch durch Kummer und Sorgen unterkriegen läßt, sondern allem Ungemach zum Trotz weiterkämpft. Wer Angst hat, spürt in seinem Magen eine Art Beklemmung und in seinen Knien eine Schwäche. Seine Eingeweide scheinen sich zu winden und schwer zu arbeiten. Der Mutige kennte solche Beklemmung nicht. Er ist furchtlos, Gefahren können ihm nichts anhaben. Er ist standhaft und bleibt unerschütterlich, selbst wenn Verlust oder Tod an seine Tür klopfen.

Vorbild: der «Todesmutige»?

Casson würde sich wundern, wenn er seine hier wiedergegebene Meinung über Furcht mit der so ganz konträren der modernen Psychologen, beispielsweise des bekannten deutschen Psychiaters *Horst-Eberhard Richter,* vergleichen könnte. Was Casson als männliche Idealnorm propagiert, apostrophiert Richter in seinem neuesten Buch als «abgestumpfte Robustheit». Die Empfindlichkeit des sensiblen, psychisch anfälligen Menschen sei keinesfalls gleichzusetzen mit minderer Leistungsfähigkeit und allgemeiner gesundheitlicher Schwäche. Ganz zu Unrecht diffamiere man die Störbarkeit der empfindsamen, offeneren Persönlichkeit; Sensibilität sei ebensowenig zu definieren als Feigheit. Wörtlich heißt es da: «Menschen, die ihre Gefühle durchlassen, sich nach innen und außen offen verhalten und mit hoher Sensibilität auf die Qualität der Lebensumstände reagieren, sind eher als andere dazu imstande, in der Familie, am Arbeitsplatz und wo sie auch immer sozial aktiv sind, auf gedeihliche Verhältnisse hinzuwirken».

«Abgestumpfte Robustheit» – keine Führungseigenschaft

Casson schwärmt hier nochmals von Figuren der amerikanischen Gründerzeit von Pionieren, die er als «Helden» darstellt, wie Oberst William Cody, den Lesern von Indianerbüchern als Buffalo Bill bekannt.

Ein Armeelager bot Cody, dem Verwegenen, eine gutbezahlte Stelle als Büffeljäger an. Gegen eine Entschädigung von hundert Pfund Sterling im Monat war er verpflichtet, täglich zwölf Büffel zu erlegen.

Neben Cody gab es noch einen andern Büffeljäger, Billy Comstock, der den Ruf des geschicktesten Büffeljägers hatte. Die beiden wetteten miteinander um hundert Pfund Sterling für denjenigen, der innert acht Stunden mehr Büffel erlegen würde. Zudem sollte der Sieger das Recht auf den Beinamen «Büffel» haben. Cody gewann, und so nannte man ihn fortan «Buffalo Bill».

Buffalo Bill als Manager-Ideal?

Kurz nach diesem Wettkampf rührten die Indianer ihre Kriegstrommeln und erklärten den weißen «Eindringlingen» den Krieg. Cody gab seinen Beruf als Büffeljäger auf und trat in den Nachrichtendienst über, wo er geheime Informationen durch das Land der Rothäute zu befördern hatte.

Seine erste Aufgabe war es, in einem Ritt von über hundert Kilometern General Sheridan dringliche Briefe zu überbringen. Bei Nacht und Nebel ritt er dicht an mehreren Indianerlagern vorbei und überbrachte seine Dokumente. Ein zweiter Ritt führte ihn vom Standort General Sheridans nach der 160 Kilometer entfernten Festung Dodge, welche von Indianern belagert war. Kaum hatte er diese gefährliche Aufgabe vollendet, als man ihn nach der Festung Hayes sandte. In achtundfünfzig Stunden ritt und wanderte er 570 Kilometer weit durch Feindesland. Als Belohnung für diese Tat wurde er zum Chief-Scout der amerikanischen Armee ernannt. Damals war er erst fünfundzwanzig Jahre alt.

Es dauerte nicht lange, bis zwischen Codys Regiment und einer Schar von sechshundert Indianern eine Schlacht stattfand. Diese Indianer gehörten zum berühmten Stamme der Sioux, die als bewährte Kämpfer bekannt waren. Cody suchte sich als Opfer den Häuptling «Großer Stier» aus und erschlug ihn. Die Mitkämpfer Codys wurden durch diese Tat angefeuert, und so erlitten die Indianer eine schreckliche Niederlage. Cody erhielt dafür die höchste Auszeichnung, welche die amerikanische Regierung für Tapferkeit zu vergeben hat, die Ehrenmedaille des Kongresses.

Zur Zeit Herbert Cassons erkannte kaum jemand die Werte der indianischen Kultur und ihre tiefen Geheimnisse

Auch das ist Casson. Ich weiß nicht, wie Sie, liebe Leser, auf diese blutrünstigen Schilderungen reagieren. Solche Indianergeschichten à la Karl May kommen vielleicht noch der Abenteuerlust Jugendlicher entgegen, sind aber kaum mehr geeignet, Menschen unserer Zeit in ihrer Daseinsbewältigung zu helfen. Ich möchte Ihnen aber auch diese wenig zivilisiert anmutende Seite Cassons und seiner Zeit vorstellen.

Oberst Cody als Büffeljäger kann uns heute wenig imponieren. Casson selbst stellt fest, daß um 1883 fast alle Büffel in den Vereinigten Staaten ausgerottet waren, daß die Ebenen nicht mehr dröhnten unter dem Hufschlag der großen Herden, und daß die Ureinwohner des Landes, die Indianer, vollständig unterworfen waren. Für uns eher ein trauriges Kapitel, das keinerlei Bewunderung hervorruft.

Angst haben und Mut machen

Nun aber nochmals zurück zum Thema Angst und Mut. Mutlosen, zweifelnden und ängstlichen Menschen helfen zu wollen durch den Hinweis auf verwegene Draufgängertypen ist aus heutiger Sicht keine geeignete Therapie. Unsere Psychologen versuchen, den Ursprüngen und Wurzeln des entmutigten Menschen nachzugehen, diese nicht einfach zu übertünchen, sondern sie im Gegenteil bloßzulegen und dann ursächlich zu behandeln.

Was löst Angst aus? Angst kann körperlich bedingt sein. Wer beim Gehen behindert ist, wird vorsichtig Fuß vor Fuß setzen, wer unter einer Herzinsuffizienz leidet, bangt aus verständlichen Gründen vor dem Treppensteigen, ein Patient, der um seinen zu hohen Blutdruck weiß, ist deswegen zu Recht in Sorge. Angst kann Schutz vor Fehlverhalten sein. Also ein nützliches körperliches Warnsystem. Es gibt andere begründete Formen von Angst. Wenn jemand zum Beispiel über längere Zeit arbeitslos bleibt, verstehen wir seine Angst und seinen Kummer.

Was ist normale, was krankhafte Angst?

Es gibt aber Menschen, die unter krankhafter Angst leiden. Was das ist, «krankhafte Angst», erklärte einmal *Sigmund Freud* mit folgendem Beispiel: Wenn jemand in

Indien zum Tee eingeladen ist und befürchtet, unter dem Teppich des Salons könnte sich eine Schlange versteckt halten, kann er nicht als krank erklärt werden. Wenn derselbe Mensch aber bei mir zu Hause in Wien diesen Verdacht hat, ist seine Angst pathologisch. Dann gilt es herauszufinden, was seine Furcht auslöst.

Vielleicht ersucht der Arzt seinen Patienten, sich einmal genau zu überlegen, wann, unter welchen Bedingungen Angstgefühle auftreten. «Wann ist Ihnen zum letzten Mal bange geworden?» fragt er ihn vielleicht ganz direkt, und der Klient erinnert sich, daß das während des Besuchs einer Kunstgalerie geschah. Er stand vor einem ganz bestimmten Gemälde, das ihn chaotisch anmutete, den Eindruck völliger Unordnung vermittelte und einen Zustand totaler Auflösung darstellte.

Für den Psychologen wäre der Zustand des Patienten dann vielleicht erklärlich: Er fürchtete die Auflösung seiner selbst. Nach Freud war der Ursprung jeder Art von Angst die Todesangst. Er hätte wohl mit seinem Patienten über sein Unbehagen gesprochen und ihm vielleicht helfen können.

Angst vor dem Chaos

Ich könnte mir vorstellen, daß dem Klienten die «zerbrochene Ordnung» des Bildes deshalb zu schaffen machte, weil er selbst ein sehr ordentlicher, ja pedantischer Mensch war, dem nach einer aufgeräumten Umgebung verlangte und der den Gedanken schlecht vertragen konnte, daß unser ganzes Leben zwischen den Polen Chaos und Ordnung verläuft. Derartige psychologische Zusammenhänge waren natürlich zur Zeit Cassons noch verborgen.

Watzlawicks «Verhaltensverschreibungen»

Ganz abwegig ist übrigens Cassons Methode des Zuredens auch wieder nicht. *Paul Watzlawick,* der bekannte Psychotherapeut, empfiehlt in seinem Buch «Die Möglichkeit des Andersseins» als eine besondere Technik der therapeutischen Kommunikation die Verhaltensverschreibungen. Statt den Klienten nur sprechen zu lassen, soll es der Arzt auch mit Anweisungen an seine Patienten versuchen, die sein Bild von sich selbst und der Welt verändern können. Der Therapeut motiviert seinen Klienten auf bestimmte Ziele hin. Watzlawick empfiehlt, diese so zu formulieren, daß sie die rechte Gehirnhälfte ansprechen, also die irrationale gemüthafte Hemisphäre, was ja bekanntlich auch geschieht bei der Anwendung des autogenen Trainings. Der Therapeut wird dann zum Beispiel in Bildern, Vergleichen und Metaphern reden, welche das Gemüt ansprechen und die Atmosphäre ändern.

Wo liegt ihre Belastungsgrenze?

So fragt Casson im vorliegenden Buch und gibt folgende Antwort:

In Kuranstalten und Badeorten trifft man Tausende von Geschäftsleuten, die von Kummer und Sorgen zermürbt sind. Für sie war die Last zu groß, es fehlte ihnen die Kraft zum Durchhalten. Sie haben «aus Mücken Elefanten gemacht». Dabei waren nur wenige unter ihnen in ausweglosen Situationen. Den meisten fehlte nur die innere Ruhe und Gelassenheit. Ihr Organismus gerät bei seelischer Erregung und ungewohnter Arbeitsbelastung gleich in Alarmzustand. Sie glauben sich ständig unter Zeitdruck, fürchten, ihre Aufgaben nicht rasch genug bewältigen zu können, sind unzufrieden mit ihrer Lage oder der ihres Unternehmens.

Man erzählt sich die Geschichte eines Irländers, der auf dem Jahrmarkt einem andern Manne mit dem Stock einen Schlag auf den Kopf versetzte, wobei dieser tot zusammenbrach. Bei der Sektion der Leiche zeigte es sich, daß der Getötete vor lauter Schreck gestorben war. Er hatte durch den Schlag keinen direkten leiblichen Schaden erlitten.

Als der Richter den des Totschlags Angeklagten vor der Urteilsverkündigung fragte, ob er noch etwas zu bemerken hätte, antwortete dieser: «Eine Frage sei mir erlaubt,

Herr Gerichtspräsident: Welches Recht hat ein so nervenschwacher Mann, auf den Jahrmarkt zu kommen?»

Im Geschäftsleben, wo man sich kaum je körperlicher Gefahr aussetzt wie auf einem irländischen Jahrmarkt, gibt es Tausende von Männern mit zu niedriger Empfindlichkeitsschwelle. Oft genügt schon ein geringer Störfaktor, irgendeine kleine Panne, um einen überreizten Typen zur Verzweiflung zu bringen.

Es gibt große Geschäftshäuser, deren Führung in der Hand eines einzigen Mannes liegt. Wenn es mit seiner Widerstandskraft, seiner Belastbarkeit und Reaktionssicherheit nicht weit her ist, wenn seine Streßtoleranz zu gering ist, dann ist das Wohlergehen des ganzen Unternehmens gefährdet. Wenn unser Zeitalter nicht mehr imstande ist, Männer hervorzubringen, die das rechte Maß und die innere Freiheit behalten, wenn Schwierigkeiten sich ihnen entgegenstellen, Unvollkommenes sie stört, etwas schwer oder schlecht gelingt, so müssen wir kapitulieren.

Die tägliche Selbstmordziffer in Großbritannien liegt durchschnittlich bei zwanzig, und die Zahl der vielen Gebrochenen, Geschwächten und Zerrütteten, die dem Selbstmord nahe sind, die nie mehr imstande sein werden, an der sinnvollen Arbeit der Welt teilzunehmen, ist überhaupt nicht bekannt.

Wohl bleiben ihre Körper am Leben, aber ihre Lebensfreude ist tot. Wie Schatten fristen sie ein trübes, nutzloses Dasein. Schon ein gewöhnliches Tagewerk überstiege ihre Kräfte.

Die leibliche und seelische Gesundheit des Managers

Gehen wir den Gründen der Selbstzerstörung nach, so finden wir, daß wir einen gesunden Lebenswillen haben müssen, wenn wir aktiv mitmachen wollen in unserer Berufswelt. Wir müssen unser physisches und psychisches Wohlergehen über alles stellen. Wir müssen große Sorgen von den kleinen unterscheiden lernen. Wenn wir das tun, so kommen wir unwillkürlich zur Einsicht, daß große Sorgen wirklich selten sind. Nehmen wir das Leben weniger ernst, fassen wir es vielmehr als interessantes Abenteuer auf. Lernen wir, es kühlen Kopfes zu gewinnen und gelassen zu verlieren.

Wir müssen lernen, Niedergeschlagenheit und Unruhe zu überwinden. Wir müssen uns daran gewöhnen, das Leben von der heiteren Seite zu betrachten, zu vergessen, was wir verloren haben und uns mit dem zufrieden zu geben, was uns geblieben ist.

Die Lebensbedingungen in einem zivilisierten Lande sind keineswegs schwierig. Vielmehr sind wir es, die schwierig sind. Wir sind viel schneller bereit, die weiße Fahne zu hissen, als unsere Vorfahren. Wir erliegen Schwierigkeiten, mit denen sie ohne weiteres fertig geworden wären.

Macht Zivilisation mutlos?

Unsere Zivilisation hat Mut und Widerstandskraft gelähmt. Der Sinn für wirkliche Werte ist uns abhanden gekommen. Luxus ist uns zur Lebensnotwendigkeit geworden, hat uns verweichlicht. Das Versagen der menschlichen Natur lehrt uns, daß wir einerseits hartnäckiger werden müssen und andrerseits gleichgültiger jenen Kleinigkeiten gegenüber, die doch nur unserer Bequemlichkeit dienen.

Hier möchte ich Casson nochmals unterbrechen und beim Wort nehmen: «Wir müssen hartnäckiger werden.» Aus heutiger Sicht ein zweifelhafter Rat. Wohl sollen wir, wo nötig, Ausdauer zeigen, aber Hartnäckigkeit, Verhärtung im Nacken, Halsstarrigkeit, jede Art muskulöser und seelischer Verhärtung kann die Situation des ängstlich verspannten Menschen nur verschlimmern. Das ist spätestens bekannt, seit der Berliner Nervenarzt *Johannes Heinrich Schultz* (1884–1970) sein *Autogenes Training* entwickelte.

Schultz wurde berühmt durch die Art seiner Behandlung der schädlichen Auswirkungen unverarbeiteter äußerer und innerer Reize, die im Beruf, im Zusammenleben mit Menschen, in der Partnerschaft, in der Familie, aber auch im Umgang mit uns selbst entstehen.

Was tun? Seit alters her bieten uns die Religionen Hilfe.

Die Bibel lehrt Gelassenheit

«Sehet die Vögel des Himmels an! Sie säen nicht und ernten nicht und sammeln nicht in Scheunen, und euer himmlischer Vater ernährt sie doch ...»

«Betrachtet die Lilien des Feldes, wie sie wachsen! Sie arbeiten nicht und spinnen nicht: Ich sage euch aber, daß auch Salomo in all seiner Pracht nicht gekleidet war wie eine von diesen ...»

«Darum sollt ihr euch nicht sorgen und sagen: Was werden wir essen oder was werden wir trinken oder womit werden wir uns kleiden? ...»

«Darum sorget euch nicht um den morgenden Tag; denn der morgende Tag wird seine eigene Sorge haben. Jeder Tag hat genug an seiner eigenen Plage ...» (Matthäus 6)

Manager üben Autogenes Training

Die Bibel und Therapeuten verschiedener psychologischer Schulen stehen gestreßten Menschen bei. Die Angstbewältigungstechnik von Schultz, das Autogene Training, ist ein bewußtes Üben der «konzentrativen Selbstentspannung» und Selbstentfaltung. Wir werden dazu angeleitet, bestimmte Körperfunktionen und störende Affektspannungen unter Kontrolle zu bringen. Der Übende entspannt liegend oder sitzend stufenweise von Kopf bis Fuß seine Muskulatur, stellt sich ruhig, sucht die Gelassenheit, indem er nach den untenstehenden Formeln zu sich selbst spricht, beziehungsweise die Texte intensiv «vordenkt» und zwar jeden Satz dreimal nacheinander. Das autogene Training, hier ganz kurz vorgestellt, wird in vielen Büchern und via Kassetten gelehrt. Einige mir bekannte Werke sind im Literaturverzeichnis am Schluß dieses Buches genannt.

Formeln für das autogene Training
nach Dr. med. J. H. Schultz

Einleitung:

Ich bin ruhig, ganz ruhig und entspannt

1. Der rechte Arm ist schwer, ganz schwer, bleischwer;
   beide Arme sind schwer, ganz schwer, bleischwer.

2. Der rechte Arm ist warm, angenehm warm; beide Arme sind warm, ganz warm.

3. Das Herz schlägt ruhig und zuverlässig.

4. Die Atmung geht von selber ruhig und regelmäßig.

5. Der Bauch ist strömend warm (fortfahren mit der Entspannung und Erwärmung des linken bzw. rechten Beines).

6. Die Stirn ist kühl – wie ein kühler Hauch über der Stirn.

Schalten Sie ab und zu eine Arbeitspause ein und entspannen Sie sich im «Kutschersitz»

Aus der Entspannung herausnehmen: tief ein- und ausatmen.
Zweimal Arme in die Luft schleudern! Augen auf.

Häufigkeit der Übungen:
Ein bis dreimal täglich, jedesmal zweimal hintereinander.

Falls Sie unter Streß leiden, versuchen Sie es mit dieser Entspannungs-Übung. Diese Art der Selbstbehandlung auf der seelischen Ebene hilft vielen. «Es gibt keine Kraft unter dem Himmel, welche der regenerierenden Kraft Menschenseele gleichkäme», versicherte *Paul de Lagarde,* der Orientalist und Kulturphilosoph.

Seiten zur Meditation

Wenn Sie die Biographie Herbert Cassons gelesen haben, wissen Sie, daß er gelegentlich ein Buch hervornahm, das am Kopf einer jeden Seite nur einen kurzen Text enthielt und die untere Seitenhälfte frei ließ – als Einladung dazu, das Gelesene zu überdenken, darüber zu meditieren. Ich möchte diese Idee aufnehmen und mein Vorhaben gleich begründen:

Ich bin in einer Welt, die in mir ist
Paul Valéry

Ich mache selbst bei der Lektüre die Erfahrung, daß ich zu oft auf einen mir besonders einleuchtenden und wertvollen Gedanken stoße, dann aber ohne Pause weiterlese und die Eingebung zudecke durch das, was folgt – statt inne zu halten, um die Trouvaille zu betrachten und das Gelesene zu umkreisen, zu vertiefen, dabei in kontemplativer Stimmung zu verweilen.

Es gibt verschiedene Arten der Meditation. Was ich hier vorschlage, ist eine *thematische Meditation.* Wir bedenken einen Text, nehmen seinen Inhalt wahr, lassen uns von ihm bereichern, benützen ihn als Impuls. Das kann einen immensen Prozeß der Klärung, Befreiung und Entfaltung auslösen. Die moderne Psychologie interessiert sich sehr für solche Meditation und es gibt, besonders in den USA, viele Manager, die dieses Hilfsmittel der inneren Klärung, der Entspannung und der Horizont-Erweiterung erlernt haben und benützen, um aus dem Leben an der Peripherie immer wieder in ihre Mitte zu gelangen.

Manager meditieren

Zeitlich eignet sich dazu der beginnende Tag, der Abend, aber auch jede kurze Arbeitspause, die wir uns nehmen, um «zu uns zu kommen». Meine Einladung an Sie: Widmen Sie sich zur Erholung und Besinnung gelegentlich einer der folgenden Seiten. Vielleicht gehen Sie sogar einen Schritt weiter und benützen die leeren Linien, um Ihre eigenen Gedanken anzufügen. Ideen werden erst habhaft und als unsere eigenen wirksam, wenn wir sie auf unsere persönliche Weise formuliert haben.

Meister Eckart 1260–1327

Eckart lehrt uns, zu wirken und zu leben «ohne Worum-Willen». Wir sind gelassen und darum mächtig im Nicht-Wollen, Nicht-Wissen, Nicht-Haben, in der innern Abgeschiedenheit.

«Die Abgeschiedenheit übertrifft alle Tugenden, weil sie als einzige ganz von der Welt löst ... (und uns damit stark macht) ... Wenn ich predige, so pflege ich zum ersten zu sprechen von der Abgeschiedenheit, und daß der Mensch ledig werden solle seiner selbst und aller Dinge ...»

«Solange irgend etwas den Menschen betrüben kann, steht es nicht recht um ihn.»

«Und der Mensch, der in voller Abgeschiedenheit steht, der wird so dem Alltag entrückt, daß ihn nichts Vergängliches mehr belasten kann. (Er steht über den Dingen). Er lebt und lebt doch nicht.»

«Die rechte Abgeschiedenheit ist nichts anderes, als daß der Geist so unbeweglich steht gegenüber allen anfallenden Schwierigkeiten, wie eine Burg aus Stein unbeweglich ist gegenüber dem Wind.»

Kenneth Clark
Kulturphilosoph und vielfacher Buchautor
(«Glorie des Abendlandes»)

«Ich glaube, daß Ordnung besser ist als Chaos, daß das Schöpferische besser ist als das Zerstörerische. Ich ziehe Güte der Gewalt vor, Vergebung der Rache. Ich glaube, daß Wissen besser ist als Unwissen, und ich bin ganz sicher, daß menschliches Mitgefühl höher zu bewerten ist als Ideologie. Trotz der jüngsten Triumphe der Wissenschaft glaube ich, daß der Mensch sich in den letzten zweitausend Jahren nicht wesentlich verändert hat; und folglich müssen wir nach wie vor versuchen, aus der Geschichte zu lernen. Geschichte – das sind wir selbst. Ich halte ferner an ein, zwei Überzeugungen fest, die sich nur schwer in wenigen Worten ausdrükken lassen. So glaube ich zum Beispiel an die Höflichkeit, das Ritual, das uns davor bewahrt, die Gefühle anderer Menschen zu verletzen, indem wir unser eigenes Ich befriedigen. Und ich glaube, wir sollten nie vergessen, daß wir Teil eines großen Ganzen sind, daß wir der Einfachheit halber mit dem Wort Natur umschreiben. Alle Lebewesen sind unsere Brüder und Schwestern.»

Lao-Tse
480–390 v. Chr.

«Wer auf Zehenspitzen steht, steht nicht fest;
Wer die Beine spreizt, geht nicht gut;
Wer sich enthüllt, ist nicht leuchtend;
Wer sich rechtfertigt, ist nicht berühmt;
Wer sich rühmt, dem traut man nicht;
Wer auf sich stolz ist, ist nicht Herr unter Menschen;
Das heißt in den Augen des Tao
‹Abfälle und Auswüchse der Tugend›,
was eklige Dinge sind.
Darum verschmäht sie der Mann des Tao.»*

* Tao: Grundbegriff des philosophischen Denkens in China. Der Weg des Menschen, der in Harmonie mit dem ewigen Weltgesetz leben will.

Das gesündeste Wort der Welt

JA. Sie sollten **JA** ausschneiden und an die Wand hängen. Damit **JA** sich einprägen kann.

JA funktioniert so: Denken Sie **JA,** wenn Sie etwas Unangenehmes tun müssen. Denn mit Nein bleibt es ständig unerledigt.

Denken Sie **JA,** wenn Sie Ärger im Büro haben. Nein macht Sie nur ärgerlicher und löst kein Problem. (Außer Sie wollen sich selber leid tun.)

Denken Sie **JA,** wenn Migräne im Kopf tuckert. «Oh Gott, mein Kopf» löst die Migräne nicht.

Sagen Sie **JA.** Zur Drei Ihres Kindes. Zur verpaßten Straßenbahn. Zum Beinbruch im Urlaub. Denn mit Nein und Um-Himmels-willen können Sie nichts und gar nichts retten und wieder ganz machen.

JA ist Medizin. Besser als flüssige oder gepulverte.

JA hilft dauerhaft. Denn **JA** macht den Tag heiter. Das Herz fröhlich. Die Sorgen kleiner. Das Leben wärmer.

JA sollten Sie tun, aber es ist schwer zu lernen. Wenn Sie es richtig können, sagen Sie es weiter. **JA?**

(Anzeigentext aus einer Gemeinschaftswerbung der Deutschen Zeitschriftenverlage, Bonn)

«Be your own best friend»
Seien Sie Ihr eigener bester Freund

Wir alle wollen glücklich sein. Aber es gelingt uns zu selten. Weil doch im Beruf einiges nicht stimmt, oder in der Ehe, oder mit den Kindern, oder weil unsere Welt in einem bedrohlichen Zustand ist.

Vielfach sind das bloße Vorwände, um unglücklich zu sein. Die Hauptursache unserer schlechten Verfassung sind wir selbst. Wir selbst vermiesen unser Leben. Wir selbst sind unser ärgster Feind, statt unser bester Freund. Wir kritisieren und verneinen uns, finden uns sündig und unwert.

Statt uns unserer gelungenen Tage zu erinnern, tun wir das genaue Gegenteil: Wir ärgern uns über begangene Fehler, lassen uns von ihnen hypnotisieren. Statt uns grämlich einzureden, daß Dinge, von denen wir dauernd träumen, unmöglich zu verwirklichen sind, sollten wir Wege suchen, sie zu verwirklichen. Wenn wir uns nicht dauernd kleingläubig enge Grenzen setzen, können wir Großes erreichen.

Die nötige Kraft kann nur aus unserem Innern kommen. Dabei geht es weniger darum, uns zusammenzureißen zu einer großen Willensanstrengung, als vielmehr Kraft zu finden durch den Glauben an uns selbst. Wir müssen mit ganzem Herzen unsere Wünsche hegen und vorwärtsträumen. Mit dem Willen können wir unser vegetatives Nervensystem nicht beeinflussen, wohl aber durch unsere Vorstellung.

Geben Sie Ihre Zweifel auf. Glauben Sie an sich selbst.

(Frei nach «How to be your own best friend», Mildred Newman und Bernard Berkowitz)

Nur so begreifen Sie die Welt:

Versuchen Sie, das Komplizierte zu vereinfachen. Die Fachgelehrten lassen pausenlos neue Fakten in den Ozean unseres Wissens fließen. Geben Sie dennoch nicht auf. Lassen Sie sich nicht verwirren, sondern suchen Sie immer nach der Wurzel, dem gemeinsamen Nenner von allem. Suchen Sie zu verstehen, indem Sie hinter der Vielzahl einzelner Erscheinungen die für alles verantwortlichen, ursächlichen Grundgesetze erkennen.

Die eigentliche und letzte Aufgabe der Wissenschaft, aber auch Ihre persönliche Aufgabe, ist es ja, immer mehr Transparenz zu schaffen, das Verbindende zwischen Unterschiedlichem und Gegensätzlichem zu entdecken. Die Gegensätze ergänzen sich, Polarität ist ein fundamentales Prinzip des Kosmos.

Wenn Sie etwas betrachten, ein Naturphänomen, eine geschäftliche Entwicklung, menschliches Verhalten, fragen Sie immer nach der letzten Ursache, dem eigentlichen Motiv. Nur so erhalten und entwickeln Sie Ihr Urteilsvermögen und Ihre Handlungsfähigkeit. Nur so begreifen Sie die Welt. Das heißt freilich noch nicht, daß Sie die letzten und größten Rätsel unseres Daseins je lösen werden. Aber das Vordergründige, die täglich auftauchenden Fragen Ihrer Lebenspraxis werden Ihnen besser verständlich und die richtige Antwort fällt leichter.

(Angeregt durch Edward Tellers Buch «The Pursuit of Simplicity»)

Von der Arbeit

«Es wurde euch stets gesagt, die Arbeit sei ein Fluch und ihre Wehen ein Unheil.

Doch ich sage euch, durch euer Wirken erfüllt ihr jenen Teil des fernsten Erdentraumes, der euch bei der Geburt dieses Traumes zugewiesen.

Und so ihr die Wehen des Werkes auf euch nehmet, liebt ihr das Leben wahrhaftig.

Und das Leben lieben, inmitten der Wehen, heißt vertraut sein mit des Lebens innerstem Geheimnis.

Weiter wurde euch gesagt, das Leben sei dunkel, und in eurer Erschöpfung wiederholt ihr die Worte der Erschöpften.

Doch ich sage euch: Fürwahr, das Leben ist dunkel, so der Trieb fehlt.

Und jeder Trieb ist blind, wo das Wissen mangelt. Und jedes Wissen ist eitel, wo das Werk ausbleibt. Und jedes Werk ist leer, worin keine Liebe ist. Doch schaffet ihr mit Liebe, so bindet ihr euch selber, und aneinander, und an Gott.

Und was heißt mit Liebe schaffen?

Es heißt Samen säen mit Sorgfalt und ernten mit Freude, als solle eure Geliebte die Frucht verzehren. Es bedeutet alle Dinge die ihr schaffet mit dem Atem eures Geistes füllen.

Oft höre ich euch reden, als sprächet ihr im Schlafe: «Wer in Marmor schaffet und im Stein die Gestalt seiner Seele findet, ist edler als jener, der den Boden pflügt.

Und wer nach dem Regenbogen greift und ihn nach dem menschlichen Ebenbilde auf die Leinwand setzt, ist mehr als jener, der die Riemenschuhe für unsere Füße herstellt.

Aber ich sage euch – und nicht im Schlafe, doch im Überwachsein der Mittagsstunde: Der Wind redet nicht süßer zu den Rieseneichen als zum geringsten aller Grashalme.

Und nur der ist groß, der die Stimme des Windes verwandelt in ein Lied, und durch dessen Liebe dies Lied noch süßer wird.

Arbeit ist sichtbar gewordene Liebe.

So ihr Brot gleichgültig backet, backt ihr ein bitteres Brot, das den menschlichen Hunger nur halb stillt. Und so ihr die Trauben mit Murren presset, träufelt euer Groll ein Gift in den Wein.

Und sänget ihr auch den Engeln gleich und liebet das Singen nicht, so trübet ihr nur das Ohr der Menschen für die Stimmen des Tags und die Stimmen der Nacht».

Kahlil Gibran, aus: «Der Prophet»

Die neue Wirklichkeit

«Jeder ist feindselig eingestellt gegenüber der Existenz, in die er geworfen wurde, gegenüber den verborgenen Mächten, die sein Leben und das des Universums bestimmen, gegenüber dem, was ihn schuldig werden läßt und ihn dann, wenn er schuldig geworden ist, mit Vernichtung bedroht. Wir alle fühlen uns abgelehnt und haben feindselige Empfindungen gegenüber dem, was uns ablehnt.

Wo die Neue Wirklichkeit erscheint, fühlt man sich mit Gott vereinigt, mit dem Grund und Sinn der eigenen Existenz. Man besitzt das, was früher Liebe zum eigenen Schicksal genannt wurde und was wir heute den Mut nennen möchten, unsere Angst auf uns zu nehmen. Dadurch wird einem das wunderbare Erlebnis zuteil, sich mit dem eigenen Selbst wieder vereinigt zu fühlen. Dieses Erlebnis hat nichts mit Hochmut und falscher Selbstgefälligkeit zu tun, sondern mit einer Selbstannahme, die aus der Tiefe stammt.»

(Worte aus einer Predigt des deutschen Theologen *Paul Tillich,* der 1933 in die USA emigrierte. Er schuf ein vielbändiges, wertvolles theologisches Werk. Der vorliegende Text wurde 1962 in einem dtv-Taschenbuch veröffentlicht.)

Dank

Vor allem und allen möchte ich dem *Efficiency Club Zürich* danken. Er hat mich herausgefordert mit dem unverhofften Auftrag, ein Buch über Herbert N. Casson zu schreiben. Und er hat mir dann, als sich herausstellte, daß ich mich mit Cassons aus den zwanziger und dreißiger Jahren stammenden Anschauungen und Lehren nicht mehr durchwegs identifizieren konnte, großzügig erlaubt, mich mit seinem verehrenswürdigen «Schutzpatron» zuweilen auch kritisch auseinanderzusetzen.

Auch dem für meine Arbeit zuständigen *Ausschuß des Efficiency Clubs Zürich* gilt mein Dank, denn er hat mich bei meiner Aufgabe freundlich begleitet und stets ermutigt.

Wertvolle Unterstützung lieh mir alsdann *Dr. Christian Gasser,* indem er mir als erfolgreicher Unternehmer und Wirtschaftswissenschaftler seinen einstmaligen Freund Casson schilderte und vor mir leibhaftig erstehen ließ.

Möglich aber wurde das Unternehmen erst durch die zahlreichen Casson-Bücher, die mir *Dr. Hans R. Moning,* der Präsident des Efficiency Clubs Zürich, *Richard E. Vogt, Clemens Rimoldi* und die *Zürcher Zentralbibliothek* zur Verfügung stellen konnten.

Es seien hier auch die anregenden Diskussionen mit *Nani Wirth* erwähnt und ihr fachlicher Rat in psychologischen Fragen verdankt.

Lob verdienen schließlich zwei Helferinnen, welche die Ablieferung des Manuskriptes beschleunigten, genauer gesagt, die eingetretene Verzögerung mindern halfen, nämlich *Susan Desax,* die es übernahm, das Manuskript eiligst nach stehengebliebenen Fehlern abzusuchen und meine Sekretärin *Béatrice Christen,* die den Text tippte und unverdrossen noch- und nochmals tippte, bis zu seiner endgültigen Fassung.

Adolf Wirz

Literaturverzeichnis

Bloch Ernst: *Das Prinzip Hoffnung,* Suhrkamp, 1959.
Carter Muir: *Bücher, die die Welt veränderten,* Prestel, 1968
Casson Edward E.: *Postscript,* Efficiency, London, 1952.
Casson Herbert N.: *Jetzt Durchhalten,* H. R. Hugi.
Casson Herbert N.: *Erfolg und Lebensfreude,* Castellum, Pfäffikon.
Casson Herbert N.: *Directions of Business Succes,* Efficiency, London.
Casson Herbert N.: *Glück durch Dich selbst,* Castellum, Pfäffikon.
Chardin de Teilhard: *Vom Glück des Daseins,* Walter Verlag, 1966.
Stobaugh/Yergin: *Harvard Energie Report,* C. Bertelsmann, 1979.
Barney Dr. Gerald O. u. a.: *Global 2000,* Verlag 2001, 1981.
Rombach Gottfried, Kleinewefers Henner, Weber Luc: *Gutachten zur Lage und zu den Problemen der schweiz. Wirtschaft,* Eidg. Volkswirtschaftsdepartement, Bern, 1977.
Die Weisheit des Lao Tse: *Lin Yutang,* Ex Libris, Zürich, 1948.
Reeves Rosser: *Reality in Advertising,* Alfred A. Knopf, New York, 1961.
Iacocca Lee/William Novak: *Eine amerikanische Karriere,* Econ, 1985.
Peters Thomas J., Waterman jun., Robert H.: *Auf der Suche nach Spitzenleistungen,* Verlag moderne industrie, 1984.
Peters Thomas J., Austin Nancy: *A Passsion for Excellence,* Random House, 1985.
Peale Norman Vincent: *The Power of Positive Thinking,* Prentice Hall, 1952.
Richter Horst-Eberhard: *Die Chance des Gewissens,* Hoffman und Campe, 1986.
Watzlawick Paul: *Die Möglichkeit des Andersseins,* Hans Huber, 1982.
Watzlawick Paul u. a.: *Menschliche Kommunikation,* Hans Huber, 1974.
Eberlein Gisela Dr. med.: *Autogenes Training für Fortgeschrittene,* Econ Verlag, 1974.
Lindemann H. Dr. med.: *Überleben im Streß, Autogenes Training,* Bertelsmann.
Clark Kenneth: *Glorie des Abendlandes,* Rowohlt, 1977.
Newman Mildred/Berkowitz Bernard: *How to be your own best friend,* Random House, 1971.
Teller Edward: *The Pursuit of Simplicity,* Pepperdine University, Malibua, 1981.
Tillich Paul: *Die neue Wirklichkeit,* dtv, 1962.
Kahlil Gibran: *Der Prophet,* Walter-Verlag, 1972.
Häberlin Paul: *Wider den Ungeist,* Guggenbühl & Huber, Zürich und Leipzig, 1935.
Gottlieb Duttweiler Institut: *Das Management der Umweltbeziehungen,* GDI Schriften, Rüschlikon, 1985.